Deutsch für alle

Arbeitsbuch zu
Deutsch für alle

Beginning College German

Fourth Edition

Werner Haas
The Ohio State University

▶ **Doris Fulda Merrifield**
California State University, Fullerton

▶ **Gustave Bording Mathieu**
California State University, Fullerton

John Wiley & Sons, Inc.

New York ■ Chichester ■ Brisbane ■ Toronto ■ Singapore

ACQUISITIONS EDITOR   Andrea Bryant/Mary Jane Peluso
MARKETING MANAGER   Carolyn Henderson
PRODUCTION EDITOR   Marjorie Shustak
DESIGNER   Karin Kincheloe/Nancy Field
MANUFACTURING MANAGER   Inez Pettis
DRAWINGS NEW TO FOURTH EDITION Heidi Witmer

This book was set in Goudy by Ewing Systems and printed and bound by
Courier-Stoughton. The cover was printed by Courier-Stoughton.

ISBN 0-471-57380-9

Printed in the United States of America

10 9 8 7 6 5 4 3 2 1

Vorwort

This *Arbeitsbuch* accompanies *Deutsch für alle,* Fourth Edition, a program for first-year college German. The exercises in the workbook are based on material presented in the corresponding chapter of the textbook, but they also recirculate essential and useful vocabulary from previous chapters.

▶ Organization of the Chapters

Each workbook chapter consists of four parts. The first, *Selbsttest,* is a self-testing section designed to help you review the material presented in the Dialog and Grammatik of each chapter. The answers to the questions are provided in the right hand column, allowing you to check immediately how well you have learned this material. Place a piece of paper over the answer column, then move it down one line at a time to check your response to each new question on the left. This system turns the "test" into a device that is intended not so much to test as to teach. In some cases, you may wish to write in your answer; therefore, longer-than-usual blanks are provided for some exercises.

The *Selbsttest* is closely coordinated with the textbook. It begins with questions on the *Dialog* and progresses through each section of the *Grammatik,* including the *Fehlergefahr!* feature. It offers a complete review and reinforcement of the grammar points discussed in the text. If the self-testing indicates that you need to study a grammar structure further, turn to the parallel section of the *Grammatik* in the textbook. *Note:* The fill-in blanks concentrate on material presented in the chapter. Whenever a new word is used in order to expand your vocabulary in a passive way, an English translation is provided.

The second part of each workbook chapter is a new segment of the workbook called *Integrieren Sie den neuen Wortschatz.* New words are presented in context with already familiar words and are shown, whenever possible, in their relationship to words of the same family.

The third part is an *Antwortbogen,* or answer sheet, for the *Hör zu...und antworte!* exercises of the laboratory tape program. You will need to take the *Arbeitsbuch* with you to the laboratory in order to record your responses.

The fourth part of each workbook chapter is the *Probetest.* These are primarily writing exercises that review the grammatical, structural, and vocabulary materials presented in each chapter, but they also encourage you to try creative expression in German. The instructor may assign and collect the *Probetest* as a "dry run" for tests he or she may wish to devise.

▶ Organization of the *Wiederholungen*

The *Arbeitsbuch* for the fourth edition also contains two review sections, *Wiederholung I* (following Chapter 9) and *Wiederholung II* (following Chapter 16). These two sections review basic grammar rules and will test your ability to apply those rules correctly, and make use of the vocabulary you learned in the 16 chapters of the textbook. The first part in each *Wiederholung* is called *Grammatik-wiederholt* and presents a series of basic grammar rules, followed by groups of exercises. Answers to these exercises are found in the back of the *Arbeitsbuch*, in *Anhang E*. The second part is called *Situationen-was man fragt und sagt* and consists of more open-ended communication activities.

▶ Organization of the *Anhang*

The *Anhang* follows the exercises in the 16 regular chapters and *Wiederholungen* and contains the following sections:

Anhang A: Review of errors made by English-speaking students of German. This unique section offers you the opportunity to test your ability to avoid more than 30 linguistic pitfalls by writing the German equivalents of the short English sentences provided.

Anhang B: English equivalents of the dialog. These are equivalents of the dialogs in the textbook.

Anhang C: Aussprache-Übungen. These exercises contrast German vowel sounds and consonant sounds, both with each other and with English. This section is recorded on a separate cassette of the laboratory tape program.

Anhang D: Useful resources. These addresses of associations, cultural institutions, and commercial organizations are helpful in obtaining enrichment materials.

Anhang E: Answers to Wiederholungen *exercises.*

Note to the Instructor

The most effective and efficient way to use the *Selbsttest* is probably to assign it as homework after the chapter in the text has been completed and then to correct it orally in class.

The *Probetest* can be handled in a similar manner, but it should be done after completion of the chapter. In both tests, the exercises that require varied individual responses require individual correction, rather than group correction.

Werner Haas
Doris Fulda Merrifield
Gustave Bording Mathieu

Inhaltsverzeichnis

Deutsch für alle

Kapitel 1

Selbsttest

The *Selbsttest* section is designed to help you review and reinforce the material presented in each chapter and to show how well you have learned it. Cover the right-hand column with a piece of paper. As you finish each item, move the paper down to check the correct answer. "Cheating" would be self-defeating.

▶ Dialog

Translate the underlined expressions.

1. Wer ist sie? *who is she?*   —Who is she?
2. Wie geht's? *How are you?*   —How are you?
3. Ich spiele leider nicht sehr gut. *unfortunately*   —unfortunately

A. ▶ Subject pronouns

4. The case of the subject is also known as the *Nominative*   —nominative
5. The German equivalent of the English pronoun I *is not* (is/is not) capitalized.   —is not
6. English *you* has three equivalents in German: *du* , *Sie* , and *ihr* .   —du, ihr, Sie
7. At the beginning of a sentence, Sie may communicate English *you* , _____, _____, or _____, depending on the ending of the verb.   —you, she, they, it

Complete with the appropriate subject pronoun.

8. *What's your name?* (formal) Wie heißen *Sie* ?   —Sie
9. *What's your name?* (familiar) Wie heißt *du* ?   —du
10. *He dances well.* *Er* tanzt gut.   —Er
11. *They like to play.* *Sie* spielen gern.   —Sie
12. *Do you like to dance, Miss Weber?* Tanzen *Sie* gern, Fräulein Weber?   —Sie
13. *Are they nice?* Sind *Sie* nett?   —sie
14. *We have no time.* *Wir* haben keine Zeit.   —Wir
15. *I play tennis.* *Ich* spiele Tennis.   —Ich

16. *What do you believe, Karl?* Was glaubst __du__, Karl?   —du
17. *Today I play tennis.* Heute spiele __ich__ Tennis.   —ich
18. *Who is she?* Wer ist __Sie__?   —sie
19. *She is not coming.* __Sie__ kommt nicht.   —Sie
20. *Karl and Udo, do you have time?* Karl und Udo, habt __ihr__ Zeit?   —ihr
21. *Renate and I like to dance.* Renate und __ich__ tanzen gern.   —ich
22. *You know Helga.* __Du__ kennst Helga.   —Du

B. ▶ The definite articles **der, die, das**

23. The grammatical gender of German nouns may be either __der (M)__ __(F) die__, or __das (N)__   —masculine, feminine, neuter

24. The grammatical gender of nouns designating people is usually the same as their biological sex. Two notable exceptions, however, are __Mädchen__ and __Fräuliene__   —das Fräulein, das Mädchen

25. All nouns with the diminutive endings -chen or -lein are __das__.   —neuter

26. Many masculine German nouns can be made feminine by adding the ending __in__.   —-in

Supply the appropriate definite article.

27. man   __der__ Mann   —der
28. woman   __die__ Frau   —die
29. concert   __das__ Konzert   —das
30. work   __die__ Arbeit   —die
31. student   __die__ Studentin   —die
32. daughter   __die__ Tochter   —die
33. son   __der__ Sohn   —der
34. girl   __das__ Mädchen   —das
35. vocabulary   __der__ Wortschatz   —der
36. kitten   __das__ Kätzchen   —das

C. ▶ The gender of third-person pronouns

37. Pronouns must have the same gender as the __noun__ they stand for.   —noun

Complete with the appropriate pronoun.

38. Ist die Frau nett? Ja, __sie__ ist nett.   —sie
39. Wie heißt die Studentin? __Sie__ heißt Elke.   —Sie
40. Ist das Konzert heute? Ja, __es__ ist heute.   —es
41. Kommt der Bus? Ja, __er__ kommt.   —er

D. ▶ The plural of pronouns

57. The plural of the subject pronouns er, sie, es is _Sie_ .   —sie

Supply the appropriate pronoun.

58. Ist das Beispiel gut? Ja, _es_ ist gut.   —es
59. Sind die Beispiele gut? Ja, _sie_ sind gut.   —sie
60. Wo hast du die Karte? _Sie_ ist hier.   —Sie
61. Wo hast du die Karten? _Sie_ sind hier.   —Sie
62. Was spielt der Herr dort? _Er_ spielt Tennis.   —Er
63. Was spielen die Herren hier? _Sie_ spielen Tennis.   —Sie

Supply the German pronoun.

64. She studies biology. _Sie_ studiert Biologie.   —Sie
65. Are you coming? Kommen _Sie_ ?   —Sie
66. What do they believe? Was glauben _sie_ ?   —sie
67. Who is she? Wer ist _sie_ ?   —sie
68. Who are you? Wer sind _Sie_ ?   —Sie

E. ▶ The plural of nouns

42. In the plural, all German nouns have the same definite article: _die_ .   —die
43. All German nouns begin with a _Capital_ letter.   —capital
44. German nouns form their plural by adding no ending at all, or by adding the endings _nen_ , _e_ , _er_ , or _s_ .   —e, -er, -en (or -n), -s
45. In addition, some nouns with the stem vowel a, o, or u may add an _umlaut_ in the plural.   —umlaut[1]
46. Nouns adding -en in the plural _never_ (always/never) umlaut.   —never

Supply the plural form according to the symbols indicated.

47. der Vater, ⸚ _Väter_ father   —die Väter
48. die Tochter, ⸚ _Töchter_ daughter   —die Töchter
49. der Lehrer, - _Lehrer_ teacher   —die Lehrer
50. das Auto, -s _Autos_ car   —die Autos
51. der Tag, -e _Tage_ day   —die Tage
52. der Zug, ⸚e _Züge_ train   —die Züge
53. das Kind, -er _Kinder_ child   —die Kinder
54. das Haus, ⸚er _Häuser_ house   —die Häuser
55. die Sprache, -n _Sprachen_ language   —die Sprachen
56. der Staat, -en _Staaten_ state   —die Staaten

[1] au umlauts to äu: Haus > Häuser

F. ▶ Verbs **sein** and **haben**, present tense

Supply the correct form of **sein.**

70. Wir _Sind_ Studenten.   —sind
71. _Bist_ du Studentin?   —Bist
72. Ja, ich _bin_ heute hier.   —bin
73. Ihr _Seid_ sehr nett.   —seid

ich

74. Er ~~Sind~~ leider nicht hier.   —ist
75. Herr Professor, _Sind_ Sie heute hier?   —sind
76. Wer _Sind_ sie (they)?   —sind
77. Wer _sind_ sie (she)?   —ist
78. Es _ist_ gut?   —ist

Supply the correct form of **haben.**

79. Er _hat_ viel Zeit.   —hat
80. _Haben_ wir keine Zeit?   —Haben
81. _Hast_ du Arbeit?   —Hast
82. Ihr _habt_ es.   —habt
83. Irene? Ja, sie _hat_ ein Auto.   —hat
84. _Haben_ Karl und Irene heute Zeit?   —Haben
85. Ja, wir _haben_ Arbeit.   —haben
86. Ich _habe_ kein Nebenfach.   —habe
87. Es _hat_ Zeit.   —hat

G. ▶ The present tense of verbs

88. All German infinitives end in _en_ or _n_ .   —-en, -n
89. The stem of **tanzen** is _tanz_ ; the stem of **studieren** is _studier_ the stem of **wandern** is _wander_   —tanz-, studier-, wander-
90. The **wir**-, **sie**-, and **Sie**-forms end in _en_ .   —-en
91. The **er/sie/es**– and **ihr**-forms end in _t_ .   —-t
92. The ending **-st** is added in the _du_ -form.   —du
93. When the verb stem ends in **-d** or **-t**, a linking **-e-** is added in the _du-_ , _-er_ , and _ihr_ -forms to facilitate _Pronunciation_   —du-, er-, ihr, pronunciation
94. When the verb stem ends in a _s_ sound, only _t_ is added in the **du**-form (instead of **-st**).   —"hissing," -t

Supply all the possible pronouns that could be the subject for each item.

95. Spielen _____ heute Tennis?   —wir, sie, Sie
96. Glaubst _____ es?   —du
97. Kommt _____ heute?   —er, sie, ihr, es
98. Ja, _____ tanze gern.   —ich

Supply the appropriate verb ending.

99. Wie heiß ____ du?   — -t
100. Ich hab ____ es nicht.   — -e
101. Er spiel ____ auch.   — -t
102. Glaub ____ Sie es nicht?   — -en
103. Wo tanz ____ du?   — -t
104. Ihr kenn ____ es.   — -t
105. Du komm ____ heute abend.   — -st
106. Glaub ____ sie das?   — -t (*or*) -en
107. Wir studier ____ auch.   — -en
108. Ihr find ____ es dort.   — -et
109. Wer arbeit ____ hier?   — -et
110. Du arbeit ____ sehr gut.   — -est
111. Tanz ____ sie gern?   — -t (*or*) -en
112. Lern ____ du viel?   — -st
113. **Wir spielen** has three possible English equivalents: *We* _____, *we* _____, or *we* _____.   —*play, are playing, do play*

H. Verb-Subject word order in questions

114. In questions in German, the voice usually (rises/falls) toward the end.   —rises
115. The six most common question words in German are: *who?* _____, *what?* _____, *when?* _____, *where?* _____, *why?* _____, *how?* _____.   —**wer?, was?, wann?, wo?, warum?, wie?**

Change the statement into a question.

116. Er studiert. _____   —Studiert er?
117. Die Frau hat keine Zeit. _____   —Hat die Frau keine Zeit?
118. Es geht gut. _____   —Geht es gut?

Integrieren Sie den neuen Wortschatz

Hauptfluß   Nebenfluß

A. *Ergänzen Sie. (Select from the infinitives)*

studieren • lernen • sein • spielen • haben • heißen • kennen • kommen

1. Uwe, _____ du die Studentin dort? Ja, sie _____ Karin

   Meyer.

2. Ich _____ gern Tennis und ich _____ jetzt auch Karate.

3. Jens, _____ du auch Student? Was _____ du? Mein Hauptfach

   _____ Informatik. Und was _____ Inge? Sie

   _____ Biologie.

4. Wann _____ der Bus? Er _____ in 5 Minuten.

5. _____ Gerd heute ins Konzert? Nein, er _____ keine Zeit.

B. *Welches Wort paßt hier (Adverb, Adjektiv, Konjunktion, Fragewort)?*
   Ergänzen Sie.

   und • oft • immer • aber • heute • wann • auch • jetzt

   1. Ich spiele Tennis, _____ nicht sehr gut. Wo spielt ihr _____?

   2. John lernt Deutsch _____ Karate.

   3. Hier ist das Wetter _____ schlecht. Aber in Florida ist es _____

      gut.

   4. Ingrid arbeitet _____ sehr viel. Aber am Wochenende spielt sie

      _____ Golf.

C. *Was ist das Gegenteil (Antonym)?*

   1. ja / _____
   2. gut / _____
   3. nie / _____
   4. hier / _____
   5. richtig / _____
   6. immer / _____
   7. jung / _____

Probetest[2]

A. *Fragen.*

   1. Wieviele Länder gibt es im vereinten Deutschland? _____

   2. Wie heißen sie? _____

   _____

   _____

[2] The Probetest covers material presented in the entire chapter.

B. *Provide a proper greeting.*

   1. Greet a friend ___Gruß Dich___

   2. Say good-bye to him/her _____

C. *Inquire about another student, asking two questions. Supply appropriate responses.*

   1. Frage: _____

   2. Antwort: _____

   1. Frage: _____

   2. Antwort: _____

D. *Was machen Sie gern? (Was machst du gern?)*

   1. _____

   2. _____

E. *Schreiben Sie einen Satz über (1) Deutschland und über (2) die Österreicher.*

   1. _____

   2. _____

F. *Translate the underlined expressions*

   1. <u>Gibt es</u> viele Gastarbeiter in Deutschland? _____

   2. In Österreich <u>trinkt man</u> viel Kaffee. _____

   3. <u>Hier sind</u> ein paar Beispiele. ___Here are a couple of examples___

G. *Check the correct English equivalent of the German word.*

   1. wer: where _____ who ___✓___ how _____

   2. das Geld: gold _____ money ___✓___ example _____

   3. die Sprache: weather _____ map _____ language ___✓___

   4. arbeiten: to sit _____ to work ___✓___ to buy _____

H. Circle every expression in parentheses that could complete each sentence correctly.

    1. Ich kenne sie (gut/wie/nicht).

    2. Die Karte (denkt/kauft/zeigt) vier Staaten.

    3. Hier sind (viele/alle/ein paar) Beispiele.

I. Circle all possible responses that would make sense.

    1. Hier ist Ursula. (Wer ist sie?/Kennst du sie?/Haben Sie Zeit?)

    2. Wer ist das? (Das ist hier./Das ist der Schweizer./Das ist die Bank.)

    3. Das Wetter ist hier immer schlecht. (Warum?/Richtig./Pünktlich.)

J. Change the statement into a question.

    1. Er lernt jetzt Deutsch. _Lernt er jetzt Deutsch?_

    2. Die Amerikanerin heiratet jung. _Heiratet die Amerakerin jung?_

K. Create a question using the cued words.

    1. (trinken/was/Sie/gern) _Was trinken Sie gern?_

    2. (drei Sprachen/wer/versteht) _Wer versteht drei Sprachen?_

L. Supply a meaningful verb.

    1. Ich _tanzer_ gern in Österreich.

    2. _Tanzt_ man hier oft Walzer?

    3. Warum _arbeitest_ du Tag und Nacht?

    4. Uwe _spielt_ immer Tennis.

    5. Wir _____ im Kaffeehaus und _trinken_ Kaffee.

M. Change from the singular to the plural, and vice versa.

    1. Ihr habt es gut. _____

    2. Haben Sie Zeit? _____

3. Ihr seid pünktlich. _____

4. Er ist oft hier. _____

N. *Correct the spelling errors.*

1. Die wahrheit ist nie false. _____

2. Ya, Ich bin Student. _____

O. *Give the definite article and the plural form.*

1. _das_ Mädchen _die Mädchen_

2. _das_ Kind _die Kinder_

3. _die_ Frage _die Fragen_

4. _das_ Haus _die Häusen_

5. _der_ Zug _die Züge_

P. *Supply the appropriate pronoun.*

1. Ist der Wein alt? Ja, _er_ ist alt.

2. Sind die Traditionen schlecht? Nein, _sie_ sind sehr gut.

3. Ist die Demokratie jung? Ja, _sie_ ist sehr jung.

4. Ist das Wetter schlecht? Nein, _es_ ist nicht schlecht.

Q. *Express in German.*

1. My name is _Ich Heißen Mengele_

2. How are you? _____

3. I like to dance. _Ich tanzer gern._

4. It is cozy here. _Es ist ~~gi~~ hier._

5. I understand German. _Ich ˙Deutsch._

6. She likes to hike. _Sie Wandert gern._

7. He buys the map. _Er Kauft die Karte._____

8. We love waltzes. _____

R. *Circle* R (Richtig) *or* F (Falsch).

1. When **Sie** stands at the beginning of a sentence, it always means *you.*   R   Ⓕ

2. Nouns whose plural is formed by adding -en never umlaut.   R   F

3. German **man** is the equivalent of English *man.*   R   Ⓕ

4. Nouns ending in -**chen** are always neuter.   Ⓡ   F

S. *Write an expression or sentence that you especially like or have memorized.*

_____

_____

Kapitel 2

Selbsttest

▶ Dialog

Translate the underlined expressions.

1. Gehen Sie <u>immer geradeaus</u>.   —Always straight ahead
2. <u>Es tut mir leid</u>.   —I am sorry
3. Das bedeutet <u>nur wochentags</u>.   —on weekdays only
4. <u>Ich gehe gern zu Fuß</u>.   —I like to walk.

A. ▶ Verbs with a change in the stem vowel

5. In the present tense, some verbs change their stem vowel from **a** to _____, and from **e** to _____ or _____.   —ä, i, ie
6. These changes occur only in the _____-form and the _____ / _____ / _____-form.   —du, er/sie/es

Give the infinitive form of the verbs below.

7. du fährst _____   —fahren
8. sie hält _____   —halten
9. er nimmt _____   —nehmen
10. sie sieht _____   —sehen
11. du ißt _____   —essen
12. er spricht _____   —sprechen

Supply the correct verb form.

13. Wir essen zu viel. Du _____ zu viel.   —ißt
14. Ich gebe gern Auskunft. _____ er gern Auskunft?   —Gibt
15. Ihr sprecht gut Deutsch. Man _____ hier Deutsch.   —spricht
16. Wann fahren wir? Wann _____ der Bus?   —fährt
17. Ich nehme die Straßenbahn. _____ du auch die Straßenbahn?   —Nimmst
18. Sie spricht ziemlich gut Deutsch. _____ er auch gut?   —Spricht
19. Ich trage keine Lederhosen. _____ du Lederhosen?   —Trägst

B. ▶ The three word orders: an overview

6. The three word orders are: _____, _____, _____.

    —Subject-Verb, Verb-Subject, Verb-Last

7. The three word orders are also called _____, _____, _____.

    —normal, inverted, transposed *or* dependent

1. ▶ Subject-Verb word order

8. In a subject-verb sentence, the verb _____ (precedes/follows) the subject.

    —follows

2. ▶ Verb-Subject word order

9. Verb-Subject word order _____ (is/is not) used in questions.

    —is

10. The same word order is also used in formal _____.

    —commands

11. In a question the voice _____, and in a command the voice _____.

    —rises, falls

12. Inverted word order is used for statements not starting with _____.

    —the subject

Begin the sentence with the underlined expression.

14. Jeans sind <u>heute</u> in Deutschland sehr populär. _____

    —Heute sind Jeans in Deutschland sehr populär.

15. Man trägt viele Jeans <u>in Deutschland</u>. _____

    —In Deutschland trägt man viele Jeans.

16. Man ist sehr populär, <u>wenn man Jeans trägt</u>. _____

    —Wenn man Jeans trägt, ist man sehr populär.

Form a command using the cued words.

17. (den Fahrplan/Sie/lesen) _____

    —Lesen Sie den Fahrplan!

18. (Sie/dort/fragen) _____

    —Fragen Sie dort!

19. (nehmen/ein Taxi/Sie) _____

    —Nehmen Sie ein Taxi!

C. ▶ The indefinite articles **ein** and **eine**

20. The indefinite articles that correspond to the definite articles are: der, _____; die, _____; das, _____.

    —ein, eine, ein

Supply the appropriate indefinite article.

21. Die Hausfrau arbeitet viel. _____ Hausfrau arbeitet viel.

    —Eine

22. Das Kaffeehaus ist gemütlich. _____ Kaffeehaus ist gemütlich.

    —Ein

23. Der Amerikaner ist anders. _____ Amerikaner ist anders.

    —Ein

D. ▶ **Kein:** the negative form of **ein**

Supply the correct form of **kein.**

24. Gibt es hier eine Bank? Nein, leider gibt es hier _____ Bank. —keine

25. Fährt heute ein Zug nach Düsseldorf? Nein, heute fährt _____ Zug
    dorthin. —kein

26. Haben Sie Fragen? Nein, ich habe _____ Fragen. —keine

27. Haben Sie Geld? Ich habe leider _____ Geld. —kein

Express in German.

28. I don't have any time. _____ —Ich habe keine Zeit.

29. I don't work. _____ —Ich arbeite nicht.

30. I don't have a car. _____ —Ich habe kein Auto.

E. ▶ The accusative of definite and indefinite articles

35. The accusative forms are the same as the nominative, except for the
    _____ singular. —masculine

36. The nominative masculine singular is **der** and **ein**; the accusative
    masculine singular is _____ and _____. —den, einen

Supply the accusative form of the cued article.

37. (der Amerikaner) Ich kenne _____ Amerikaner. —den

38. (die Amerikanerin) Er kennt _____ Amerikanerin. —die

39. (das Mädchen) Ich frage _____ Mädchen. —das

40. (die zwei Mädchen) Wir fragen _____ zwei Mädchen. —die

41. (das Geld) Ich habe _____ Geld. —das

42. (die Antwort) Wir wissen _____ Antwort. —die

43. (der Zug) Nimmst du _____ Zug? —den

44. (ein Bier) Gut, ich trinke _____ Bier. —ein

45. (ein Besuch) Ich mache gern _____ Besuch. —einen

46. (eine Lederhose) Ja, sie trägt _____ Lederhose. —eine

47. (keine Auskunft) Er gibt _____ Auskunft. —keine

48. (kein Bus) Ich sehe _____ Bus. —keinen

49. (keine Zeit) Sie hat _____ Zeit. —keine

50. (keine Kinder) Sie haben _____ Kinder. —keine

F. ▶ The accusative of personal pronouns

51. For each nominative form of the personal pronoun, give the accusative form. —mich, dich, ihn, sie,
    ich, _____; du,_____; er, _____; sie, _____; es, _____;   es, uns, euch, sie,
    wir, _____; ihr, _____; sie, _____; Sie, _____.   Sie

Supply the accusative form of the personal pronoun.

52. (*Are you asking me?*) Fragen Sie _____?   —mich
53. (*Do you know her?*) Kennen Sie _____?   —sie
54. (*Are you marrying him?*) Heiratest du _____?   —ihn
55. (*Do you understand us?*) Verstehen Sie _____?   —uns
56. (*Do you love them?*) Liebst du _____?   —sie
57. (*Are you buying it?*) Kaufst du _____?   —es
58. (*Am I disturbing you?*) (familiar plural) Störe ich _____?   —euch
59. (*Am I disturbing you?*) (formal singular) Störe ich _____?   —Sie

Restate each sentence, switching the subject and the direct object.

60. Du verstehst mich. _____   —Ich verstehe dich.
61. Er fragt sie. _____   —Sie fragt ihn.
62. Wir sehen euch. _____   —Ihr seht uns.
63. Sie kennen uns. _____   —Wir kennen Sie *or* sie.
64. Ich liebe dich. _____   —Du liebst mich.
65. Heiratet sie ihn? _____   —Heiratet er sie?
66. Ihr stört mich nicht. _____   —Ich störe euch nicht.
67. Kennen sie uns? _____   —Kennen wir sie?
68. Suchen Sie sie? _____   —Sucht sie Sie?

Supply the correct pronoun.

69. Der Kunde ist nett. Ich sehe _____ gern.   —ihn
70. Das Bier ist gut. Ich kaufe _____ oft.   —es
71. Die Kundin ist jung. Ich kenne _____ nicht.   —sie
72. Die Städte sind alt. Ich liebe _____.   —sie
73. Die Sonne ist warm. Ich liebe _____.   —sie
74. Der Zug ist pünktlich. Ich nehme _____ oft.   —ihn

G. ▶ The expression **es gibt**

75. The idiom **es gibt** (*there is, there are*) always takes the _____ case.   —accusative

Express in German.

76. There is no bus here. _____   —Es gibt hier keinen
                                                Bus.

77. But there is a train. _____   —Aber es gibt einen Zug.
78. Are there no female students here? _____   —Gibt es keine
                                                   Studentinnen hier?

Integrieren Sie den neuen Wortschatz

A. *Complete the sentences with an appropriate adverb or adjective.*

teuer • schlecht • schön • oft • pünktlich • geradeaus • links

1. Heute ist das Wetter _____.

2. Wo ist das Theater? Gehen Sie _____ und dann _____.

3. In Deutschland trägt man _____ Jeans.

4. Die Züge sind in Deutschland sehr _____.

5. Taxis sind in Österreich sehr _____.

6. Ich fahre _____ nach Hause.

7. In den Alpen ist das Wetter oft _____.

B. *Which "special expression" fits here?*

Vielen Dank • Entschuldigen Sie, bitte • Ach, du lieber Gott! • bitte

1. _____, wo ist die Auskunft?

2. Sie bekommen Auskunft und sagen: _____

3. Sie suchen den Bahnhof und finden ihn nicht. Sie sagen: _____

_____ _____. Wo ist der Bahnhof?

C. *Sie reisen gern. Sie fragen: Wo ist _____?*

1. _____ (the railroad station)

2. _____ (the airport)

3. _____ (the train)

4. _____ (a bus)

5. _____ (an information desk)

6. _____ (the streetcar line 7)

7. _____ (a taxi)

D. *Welches Verb und welche Verbform passen?*

   sprechen\fliegen\tragen\stehen\reisen\kosten\fahren\sein

   1. Der Zug _____ dort.

   2. Die Straßenbahn _____ ziemlich billig.

   3. Der Flug _____ 300 Mark.

   4. Viele Deutsche _____ nach Spanien.

   5. In Österreich _____ man Deutsch.

   6. Ich _____ oft Jeans.

   7. Die Concorde _____ von New York nach Paris.

Probetest

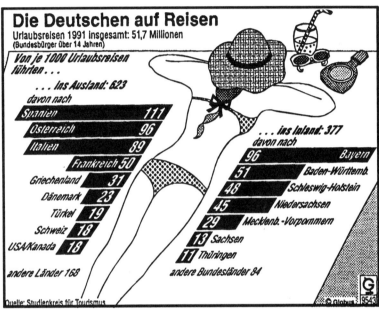

A. *Beantworten Sie die Fragen.*

   1. Wohin reisen die Deutschen? _____

   2. Wohin reisen Sie gern? _____

B. *Eine Frau/ein Mann fragt Sie: Wie komme ich in die Lutherstraße? Sie sagen _____. Zwei Sätze bitte.*

   1. _____

   2. _____

C. *You want to apologize. Sie sagen _____ oder _____.*

   1. _____

   2. _____

D. *Was hast du nicht?*

    1. _____

    2. _____

E. *Was gibt es in (1) Deutschland und (2) in der Schweiz? (Use es gibt.)*

    1. _____

    2. _____

F. *Auskunft. (a) Sie suchen _____ und fragen um Auskunft. (b) Er/sie antwortet _____.*

    1. der Bahnhof

      a) Frage: _____

      b) Antwort: _____

    2. eine Toilette

      a) Frage: _____

      b) Antwort: _____

        You can make up your own directions. They can differ from the ones given in the text.

G. *Sagen und schreiben Sie etwas über . . .*

    1. einen Supermarkt _____

    2. Jeans _____

H. *Ergänzen Sie.*

    1. Charterflüge sind _____

    2. Viele Deutsche fahren _____

    3. Überall trifft man _____

    4. Ich nehme _____

I. *Was haben Sie (nicht)?*

    1. Kinder: Ich _____

    2. Zeit: Ich _____

    3. Geld: Ich _____

J. *Was kennen Sie (nicht)?*

    1. Ich _____

    2. Ich _____

K. *Was sehen Sie? Schreiben Sie auf deutsch.*

    1. (*a store*)   Ich _Sehe_____

    2. (*the mountains*) Ich _Sehe_____

    3. (*a streetcar*)   Ich _Seh@_____

L. *Translate the underlined expressions.*

    1. Es ist <u>ziemlich</u> weit. _____

    2. <u>Man spricht</u> miteinander. _____

    3. <u>Und wer Geld hat</u>, reist nach Afrika. _____

    4. <u>Wie ist das möglich?</u> _____

    5. <u>Vielen Dank!</u> _____

    6. Man sieht sie <u>fast überall</u> _____

    7. Die Deutschen <u>trinken gern</u> Bier. _____

    8. <u>Also ist der Einkauf</u> ein kleiner Besuch. _____

    9. <u>Woher kommt er?</u> _____

M. *Complete with a meaningful verb.*

    1. Wann _____ der Zug?

    2. _____ du gern Auskunft?

3. _____ er Deutsch?

4. Du _____ oft Lederhosen.

5. Was _____ die Deutschen in Italien?

6. _____ du das Geschäft dort?

7. Er _____ nicht die Straßenbahn, sondern geht zu Fuß.

N. *Complete with an indefinite article or* **kein**.

1. Hast du _____ Geld?

2. Haben Sie _____ Frage?

3. Ich kenne _____ Verkäufer hier.

4. Es gibt _____ Touristen hier.

O. *Complete with the appropriate definite article.*

1. Kennen Sie _____ Stadt?

2. Ich treffe heute _____ Verkäufer.

3. Sehen Sie _____ Geschäft?

4. Suchst du _____ Leute?

5. Gut, wir kaufen _____ Wein.

P. *Complete with the correct pronoun.*

1. Kennen Sie den Kunden? Ja, ich kenne _____.

2. Sehen Sie die Verkäuferin? Nein, ich sehe _____ nicht.

3. Verstehen Sie den Dialog? Ja, natürlich verstehe ich _____.

4. Du sprichst gut Deutsch. Wir verstehen _____ gut.

5. Wer ist der Herr dort? Ich kenne _____ nicht.

6. Wo seid ihr? Wir suchen _____.

7. Ich bin Rudolf Diesel. Sie kennen _____ von früher.

8. Ist die Frage schwer? Nein, _____ ist nicht schwer.

Q. *Complete with the correct word from the suggested cues.*

1. (Wo/Wer) _____ ist die Straße?

2. (Wen/Wer) _____ ist der Mann dort?

3. (Wen/Wer) _____ fragen Sie?

4. (Kennen/Wissen) _____ Sie das Geschäft?

R. *Complete*

1. The accusative form of **der** is _____.

2. The accusative form of **eine** is _____.

3. The pronoun for **der Zug** in the nominative is _____.

4. The pronoun for **die Hose** in the nominative is _____.

5. The negative of **ein** is _____.

6. The accusative of **wer?** (*who?*) is _____.

7. The idiom **es gibt** is followed by the _____ case.

8. The accusative form of the definite article is different from the nominative form only in the

_____

S. *Express in German.*

1. She knows him. _____

2. Excuse me, please! _____

3. Thanks a lot! _____

4. They are cheap. _____

5. Where is there a supermarket? _____

T. *Write a sentence or two about anything you wish (for example, greetings, shopping, or asking information). Use only words and grammatical structures that are familiar to you.*

_____

_____

Kapitel **3**

Selbsttest

▶ Dialog

Translate the underlinded expressions.

1. <u>Wohnst du hier?</u>   —Do you live here?
2. Sie wissen es <u>noch nicht</u>.   —not yet
3. Komm' mit und <u>sieh es dir an</u>.   —take a look at it
4. Was kostet es, <u>wenn ich hier einziehe</u>? —if I move in here

A. ▶ Verb-Last word Order

5. Verb-Last (V-L) word order is used in _____ clauses.   —dependent

6. A dependent clause depends for its meaning on a _____ clause.   —main

7. Dependent clauses frequently begin with _____ conjunctions.   —subordinating

8. The three subordinating conjunctions you have learned so far are
   _____ *that*, _____ *because*, and _____ *whenever, if*.   —daß, weil, wenn

9. Main and dependent clauses are always separated by a _____.   —comma

Complete with the cue clause in V-L word order.

10. (sie verkaufen das Haus) Ich glaube, daß _____.   —sie das Haus verkaufen

11. (meine Eltern ziehen nach München) Ich brauche ein Zimmer, wenn

_____.   —meine Eltern nach München ziehen

12. (die Miete ist nur DM 250) Ich ziehe sofort ein, weil _____.   —die Miete nur DM 250 ist

Complete by rearranging the cue words in the appropriate word order.

13. (billig/wenn/die Charter-Flüge/sind), gibt es viele Touristen. _____   —Wenn die Charter-Flüge billig sind

14. Er fährt in die Alpen, (liebt/weil/die Berge/er). _____   —weil er die Berge liebt

15. Ich weiß, (die Deutschen/die Sonne/daß/suchen). _____   —daß die Deutschen die Sonne suchen

Supply **wenn** *or* **wann**.

16. _____ ziehst du hier ein?   —Wann

17. Fliegen Sie, _____ der Zug nicht fährt?   —wenn

18. Ich fliege, _____ es nicht zu viel kostet.   —wenn

19. _____ ich Zeit habe, komme ich.   —Wenn

B. ▶ The present tense of **wissen**

20. The stem vowel of **wissen** is different in the _____ (singular/plural).   —singular

21. The er/sie/es-form _____ (does/does not) end in -t.   —does not

22. **Kennen** (to know) is used with concrete things and _____.   —persons

23. **Wissen** (to know) is used with abstract things and _____.   —ideas

Supply the correct form of **wissen** *or* **kennen**, *whichever is appropriate.*

24. Wir _____ nichts.   —wissen

25. Er _____ mich.   —kennt

26. Ich _____ es.   —weiß

27. Du _____ viel.   —weißt

28. Wir _____ Berlin gut.   —kennen

29. Irene _____ die Antwort.   —weiß

30. _____ Sie die Adresse?   —Wissen

31. _____ du den Wein?   —Kennst

32. Ihr _____ warum.   —wißt

33. _____ sie wo?   —Wissen

C. ▶ Separable-prefix verbs

34. A separable prefix _____ (changes/does not change) the meaning of
a root verb.   —changes

Give the German equivalent.

35. *to stand* _____, *to get up* _____   —stehen, aufstehen

36. *to hear* _____, *to stop* _____   —hören, aufhören

37. *to travel* _____, *to depart* _____   —fahren, abfahren

38. In separable-prefix verbs, the stress in speaking falls on the _____.   —prefix

39. In the infinitive, the prefix is part of the _____.   —verb

40. The separable prefix is separated from the root verb in a _____ clause in the present and past tenses, and in a formal _____.   —main / —command

41. When the separable prefix is separated, it comes at the _____ of the clause.   —end

42. In a dependent clause the verb stands at the end. Since the separable prefix also stands at the end of a dependent clause, the prefix and the root verb are (separated/joined).   —joined

Complete, placing the cue verb in the correct position.

43. (aufhaben) In Deutsch _____ wir immer zu viel _____.   —haben...auf

44. (aufstehen) Wann _____ du am Wochenende _____?   —stehst...auf

45. (mitkommen) _____ Sie doch _____!   —Kommen...mit

46. (ankommen) Er _____ heute abend um 20 Uhr _____.   —kommt...an

47. (aufhaben) Ich glaube nicht, daß wir zuviel _____.   —aufhaben

48. (mitkommen) Wir haben es gern, wenn Sie _____.   —mitkommen

49. (ankommen) Du hast viel Zeit, weil der Zug pünktlich _____.   —ankommt

Restate, replacing the verb with the correct form of **anrufen**.

50. Wann telefonieren Sie mit Toni? Wann _____?   —rufen Sie Toni an

51. Wir warten, daß er mit Toni telefoniert. Wir warten, daß er _____.   —Toni anruft

52. Telefonieren Sie mit Toni heute abend! _____   —Rufen Sie Toni heute abend an!

Give the infinitive of the verb and its English equivalent.

53. Machen Sie Ihre Bücher auf! _____ _____   —aufmachen, *to open*

54. Machen Sie Ihre Bücher zu! _____ _____   —zumachen, *to close*

Give the sentences indicated, using the cued words.

55. FORMAL COMMAND: (weiterlaufen/Sie) _____   —Laufen Sie weiter!

56. QUESTION: (wiederkommen/wann/du) _____   —Wann kommst du wieder?

57. STATEMENT: (abfahren/ich/um 8 Uhr) _____   —Ich fahre um 8 Uhr ab.

58. DEPENDENT CLAUSE: (ankommen/wenn/Sie) Rufen Sie an, _____.   —wenn Sie ankommen

D. ▶ Verbal nouns

59. Verbal nouns in German have the same form as the _____.   —infinitive
60. In English, verbal nouns end in _____.   —-ing

Complete the English equivalent.

61. Tanzen macht Spaß! _____ *is fun!*   —*Dancing*
62. Das Heiraten ist oft problematisch. _____ *is often problematical.*   —*Marrying*
63. Ist das Trinken schlecht? *Is* _____ *bad?*   —*drinking*

E. ▶ Expressions **nach Haus(e)** vs. **zu Haus(e)**

Supply **zu** *or* **nach** *as appropriate.*

64. Ich gehe jetzt _____ Haus.   —nach
65. Wohnst du _____ Haus?   —zu
66. Ich bin um 8 Uhr wieder _____ Haus.   —zu
67. Ich warte _____ Haus.   —zu
68. Er kommt heute _____ Haus.   —nach

F. ▶ Deceptive "look-alikes" or "false friends"

Many German words resemble English, but mean something very different. Below are some that you have learned thus far. Give the correct English equivalents.

69. German **also** corresponds to English _____.   —*therefore, so*
70. German **bekommen** corresponds to English _____.   —*to receive, get*
71. German **man** corresponds to English _____.   —*one, people, you*
72. German **die Art** corresponds to English _____.   —*kind, way, type*
73. German **wer** corresponds to English _____.   —*who*
74. German **fast** corresponds to English _____.   —*almost*

G. ▶ Cardinal numbers

75. Cardinal numbers are used in _____.   —*counting*
76. *Thirtieth* is _____ (a cardinal/an ordinal) number.   —an ordinal
77. In decimal fractions, German uses a _____ where English uses a decimal point.   —comma

Was ist richtig?

78. Es ist _____ (eins/ein) Uhr.   —ein
79. Eine englische Meile sind _____ (1,6/1.6/16) Kilometer.   —1,6
80. In München leben über _____ (3,400,000/3.400.000) Menschen.   —3.400.000

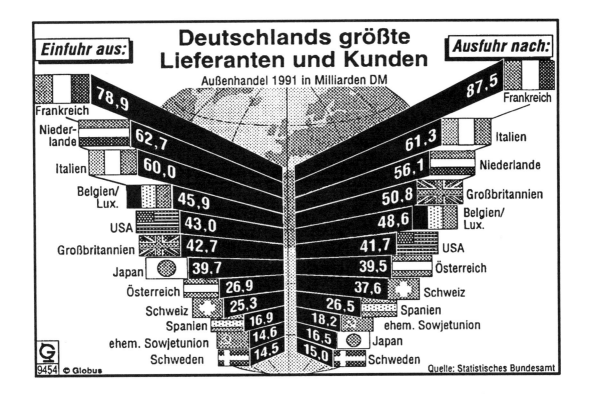

Deutschlands größte Lieferanten und Kunden

Außenhandel 1991 in Milliarden DM

Einfuhr aus:

Frankreich	78,9
Niederlande	62,7
Italien	60,0
Belgien/Lux.	45,9
USA	43,0
Großbritannien	42,7
Japan	39,7
Österreich	26,9
Schweiz	25,3
Spanien	16,9
ehem. Sowjetunion	14,6
Schweden	14,5

Ausfuhr nach:

87,5	Frankreich
61,3	Italien
56,1	Niederlande
50,8	Großbritannien
48,6	Belgien/Lux.
41,7	USA
39,5	Österreich
37,6	Schweiz
26,5	Spanien
18,2	ehem. Sowjetunion
16,5	Japan
15,0	Schweden

9454 © Globus

Quelle: Statistisches Bundesamt

H. ▶ Familiar commands

81. The formal command consists of the _____ plus the pronoun _____ or _____.

—infinitive, **Sie, wir**

82. In familiar commands the _____ is dropped.

—pronoun

83. The **du**-command consists of the stem (with/without) ending.

—without

84. However, verbs whose stem ends in -t or -d add the ending _____.

—-e

85. The **ihr**-command is the same as the **ihr**-form of the present tense, minus the _____.

—pronoun

86. Some verbs change the stem vowel in the **du**-command from e to _____ or _____.

—-i, -ie

Give the corresponding familiar command (du-form).

87. Kommen Sie! _____

—Komm!

88. Kommen Sie mit mir! _____

—Komm mit mir!

89. Antworten Sie auf deutsch! _____

—Antworte auf deutsch!

90. Seien Sie nett! _____

—Sei nett!

91. Sprechen Sie Deutsch! _____

—Sprich Deutsch!

92. Warten Sie hier! _____

—Warte hier!

93. Gehen Sie weiter! _____

—Geh weiter!

Change from the singular to the plural, and vice versa.

94. Schreibt einen Brief! _____ einen Brief!   —Schreib
95. Wartet auf mich! _____ auf mich!   —Warte
96. Hilf mir! _____ mir!   —Helft
97. Eßt nicht so viel! _____ nicht so viel!   —Iß
98. Steh auf! _____   —Steht auf!
99. Nehmt mich mit! _____ mich mit!   —Nimm
100. Fang an! _____   —Fangt an!
101. Gebt dem Hund Wasser! _____ dem Hund Wasser!   —Gib

Auf deutsch bitte!

102. *Let's speak German!* _____ Deutsch!   —Sprechen wir
103. *Let's stay here!* _____ hier!   —Bleiben wir
104. *Fritz, be nice!* Fritz, _____!   —sei nett
105. *Ulrike, don't eat so much!* Ulrike, _____!   —iß nicht so viel

Integrieren Sie den neuen Wortschatz

A. *Was paßt hier? (What's appropriate here?)*

1. Was macht man, wenn man krank ist? Man sucht _____.

   einen Bahnhof • eine Apotheke • eine Konditorei

2. Wenn man einen Brief schickt, braucht man _____.

   einen Stadtplan • ein Geschäft • eine Briefmarke

3. In einer Konditorei bekommt man _____.

   eine Quittung • den Wetterbericht • einen Kuchen

4. In Deutschland und Österreich schließen die Geschäfte _____.

   nie • nur am Sonntag • am Montag

5. Ein Stadtplan zeigt _____.

   den Bahnhof • die Post • die Zeitung

6. In der Jugendherberge _____.

   nimmt man zu • trifft man junge Menschen • ißt man Eis

B. *Circle the word that does not belong in the group.*

1. die Quittung   das Geschäft   der Kunde   die Verkäuferin   das Meer

2. die Meinung   die Ferien   der Tourist   der Flug   das Reisebüro

3. das Gleis   der Bahnhof   der Kuchen   der Fahrplan   der Schnellzug

4. die Briefmarke   die Luftpost   die Rechnung   das Telegramm   der Brief

5. die Zeitung   die Nachricht   das Radio   die Uhr   der Brief

6. der Bahnhof   der Kuchen   die Autobahn   die Haltestelle   die Verkehrsampel

Hör' zu...und antworte! Antwortbogen

Übung A. *Circle* L (Logisch) *or* U (Unlogisch).

   1. L U   3. L U   5. L U   7. L U   9. L U

   2. L U   4. L U   6. L U   8. L U   10. L U

Übung B. *Circle* R (Richtig) *or* F (Falsch).

   1. R F   3. R F   5. R F   7. R F   9. R F

   2. R F   4. R F   6. R F   8. R F   10. R F

Übung C. Diktat.

   1. _____

   2. _____

   3. _____

Übung D. *Circle* Ja *or* Nein.

   1. Ja Nein   3. Ja Nein   5. Ja Nein   7. Ja Nein

   2. Ja Nein   4. Ja Nein   6. Ja Nein   8. Ja Nein

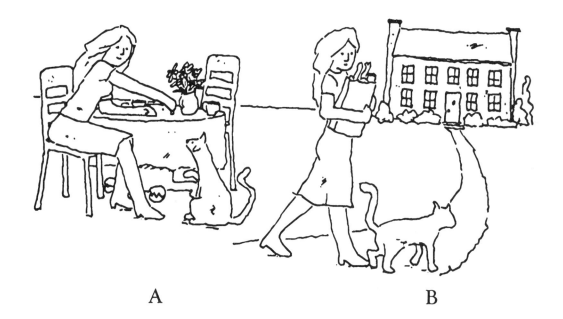

A   B

Übung E. Circle the number of the statement that applies to the picture.

Bild A (Picture A)   1   2   Bild B (Picture B)   3   4

Übung F. Write the answers to the questions on the paragraph you have heard.

1. Warum geht John auf die Post? Er hat _____

2. Wer kommt mit auf die Post? _____

3. Wo ist John zu Haus? In _____

4. Was ist nicht so teuer, telefonieren oder telegrafieren? _____

5. Was weiß Susanne? In Deutschland _____

6. Warum weiß sie das? Sie ist _____

Übung G. Circle A, B, or C, or a combination thereof.

1. A B C	6. A B C	10. A B C	14. A B C	18. A B C
2. A B C	7. A B C	11. A B C	15. A B C	19. A B C
3. A B C	8. A B C	12. A B C	16. A B C	20. A B C
4. A B C	9. A B C	13. A B C	17. A B C	21. A B C
5. A B C				

Probetest

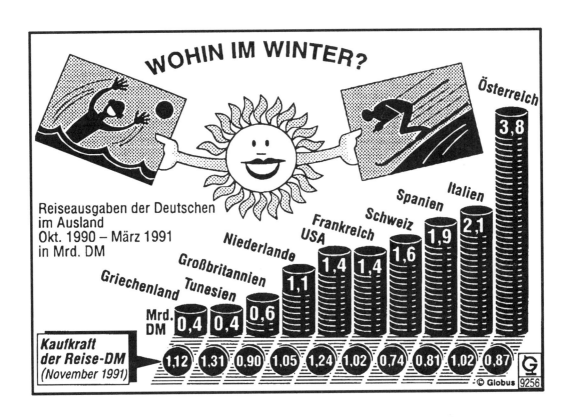

A. In welche Länder fahren deutsche Touristen im Winter?

_____

_____

B. Sie suchen ein Zimmer. Stellen Sie drei Fragen (price, location, what it looks like, availability, etc.).

   1. _____

   2. _____

   3. _____

C. *Wissen oder kennen? Was kennen Sie? Was wissen Sie? Schreiben Sie je einen Satz.*

1. (kennen) _____

2. (wissen) _____

D. *Beantworten Sie die Fragen.*

1. Wann stehen Sie am Morgen auf? _____

2. Wer kommt ins Konzert mit? _____

3. Wann nimmt man zu? _____

E. *Es gibt viele Probleme für Touristen. Welche kennen Sie? Schreiben Sie zwei Sätze.*

1. _____

2. _____

F. *Übersetzen Sie die unterstrichenen Wörter.*

1. <u>Wie</u> ist das Wetter heute? _____

2. <u>Nehmen Sie</u> ein Zelt mit? _____

3. Weil der Kuchen gut schmeckt, <u>nimmt man zu</u>. _____

4. <u>Wer verkauft Briefmarken?</u> _____

5. <u>Gehen Sie</u> in die Staatsoper! _____

6. <u>Viele Wörter fangen mit</u> „Verkehr" <u>an.</u> _____

7. <u>Wenn Sie gern reisen,</u> sind sie vielleicht xenophil. _____

G. *Circle R (Richtig) or F (Falsch).*

1. Der Frankfurter Flughafen hat auch einen Bahnhof.   R   F

2. In Österreich heißt das Geld „Schilling".   R   F

3. Ein H-Schild zeigt, wo der Bus hält.   R   F

4. Eine Apotheke verkauft Kuchen..   R   F

5. In Deutschland sendet die Post Telegramme.   R   F

6. In der Zeitung hört man Nachrichten.   R   F

7. Ein Raucher sucht immer ein Nichtraucherabteil.   R   F

8. Die Untergrundbahn fliegt durch den Flughafen.   R   F

H. *Begin the sentence with the underlined expression.*

1. Man baut <u>jetzt</u> viele U-Bahnen. _____

2. Der Amerikaner heißt <u>in vielen Ländern</u> „Yankee". _____

3. Man bekommt eine Quittung, <u>wenn man etwas kauft.</u> _____

I. *Begin the sentence with the subject.*

1. Dort wohnt man billig. _____

2. Am Wochenende sind fast alle Geschäfte geschlossen. _____

J. *Write a command using the cued words.*

1. (Sie/hier/rauchen) _____

2. (anrufen/das Hotel/Sie) _____

3. (mitkommen/Sie) _____

K. *Ask a question using the cued words.*

1. (mitkommen/du/wann) _____

2. (bedeuten/was/das Wort/„xenophil") _____

3. (abfahren/wo/der Bus) _____

L. *Complete the sentence using the cued words.*

1. (die Züge/immer/sind/daß/pünktlich)

Ich weiß, _____

2. (du/in Österreich/ankommen/wenn)

Du brauchst Schillinge, _____

3. (ist/das/nicht so teuer/weil)

Wir gehen campen, _____

M. *Rewrite, replacing the verb with the cued verb.*

1. (abfahren) Wann geht der Zug nach Freiburg? _____

2. (landen) Wir kommen in zehn Minuten in Frankfurt an. _____

3. (anfangen) Die Oper beginnt um 20 Uhr. _____

N. *Ergänzen Sie.*

1. Dependent clauses often begin with _____, _____,

_____.

2. Dependent clauses use _____ word order.

3. The separable prefix of a verb is only separated in the present tense in a _____

clause.

4. A sentence consisting of two clauses may begin with either the _____ clause or a

_____ clause.

5. In German, the main clause and the dependent clause are always separated by a

_____.

6. Verb-Subject word order may signal either a question or a _____.

O. *Auf deutsch bitte!*

1. Do you speak German? _____

2. Don't smoke, please. _____

3. When are you coming? _____

4. I am writing home. _____

5. I buy it, if it is not expensive. _____

6. I am sorry. _____

7. When do you get up? _____

8. I am sick. _____

9. Tomorrow I am eating at home. _____

P. *Supply the cardinal numbers in written form.*

1. (50) Die Vereinigten Staaten haben _____ Staaten.

2. (32) Der Mensch hat _____ Zähne (*teeth*).

3. (1) _____ ist die erste Zahl.

4. (1320) Der Rhein ist _____ Kilometer lang.

Q. *Complete the English sentences with the appropriate Arabic numerals. Write the German equivalents out in full.*

1. *I am* _____ *years old.* Ich bin _____ alt.

2. *I was born in the year* _____. Ich bin im Jahre _____

   _____ geboren.

3. *I have been studying German for* _____ *semester(s)/year(s).* Ich studiere schon

   _____ Semester/Jahr(e) Deutsch.

4. *My house number is* _____. Meine Hausnummer ist _____

   _____.

5. *Our zip code is* _____. Unsere Postleitzahl ist _____

   _____.

6. *My area code is* _____. Meine Vorwahl ist _____

   _____.

Kapitel **4**

Selbsttest

► Dialog

Translate the underlined expressions.

1. <u>Leider</u>, <u>aber</u> ich ziehe im Juni aus. —Unfortunately, but
2. Das wissen wir <u>noch nicht</u>. —not yet
3. <u>Belegt ihr</u> Deutsch 301? —Are you taking
4. <u>Nicht schlecht.</u> —Not bad.
5. Am Dienstag <u>von eins bis drei</u>. —from one to three

A. ► Prepositions requiring the accusative

6. Five of the most common prepositions that govern the accusative are (give the English equivalent as well): _____, _____; _____, _____; _____, _____; _____, _____; _____. —durch *through;* für *for;* gegen *against;* ohne *without;* um *around*
7. In everyday speech, **durch**, **für**, and **um** are contracted with the definite article when they occur with a _____ (der-/das-/die-) noun. —das-
8. In idiomatic expressions, prepositions like **um** often have a meaning _____ (different from/similar to) their usual one. —different from
9. Um may also mean _____ as in **um vier Uhr**. —at

Supply an appropriate proposition requiring the accusative.

10. Der Zug fährt _____ die Schweiz. —durch
11. Ich habe nichts _____ dich. —gegen
12. Die Post kommt immer _____ neun Uhr. —um
13. Wir sitzen _____ den Tisch. —um
14. Kaufen Sie das Video _____ ihn! —für
15. Das ist gut _____ das Geschäft. —für
16. Ich trinke Kaffee _____ Milch. —ohne

Complete the sentence as suggested by the cue, using the accusative.

17. (der Hotelportier) Das Trinkgeld ist für _____. —den Hotelportier
18. (der Bahnhof) Der Zug fährt durch _____. —den Bahnhof
19. (der Verkehr) Er fährt gegen _____. —den Verkehr
20. (das Haus) Man baut eine Straße um _____. —das Haus
21. (das Rauchen) Er kann ohne _____ nicht leben. —das Rauchen
22. (die Stadt) Die Straße geht durch _____. —die Stadt
23. (eine Straßenkarte) Wir reisen nie ohne _____. —eine Straßenkarte
24. (ein Amerikaner) Ich kaufe die Lederhose für _____. —einen Amerikaner
25. (du) Wir fahren ohne _____. —dich
26. (er) Ich habe nichts gegen _____. —ihn
27. (ich) Ich kaufe das Eis für _____. —mich
28. (Sie) Der Brief ist für _____. —Sie
29. (sie-*they*) Was machen Sie für _____? —sie
30. (sie-*she*) Ich komme ohne _____. —sie
31. (wer) Für _____ machst du die Arbeit? —wen
32. (wir) Sind Sie für oder gegen _____? —uns

Complete as suggested by the cue noun. Contract the preposition with the definite article whenever possible.

33. (das Haus) Wir gehen um _____. —ums Haus
34. (den Bahnhof) Wir gehen um _____. —den Bahnhof
35. (das Kind) Kaffee ist schlecht für _____. —fürs Kind
36. (die Studenten) Die Sprechstunden sind wichtig für _____. —die Studenten
37. (der Berg) Ja, der Zug fährt durch _____. —den Berg
38. (die Straße) Fahren Sie durch _____. —die Straße
39. (das Geschäft) Gehen Sie durch _____. —durchs Geschäft

B. ▶ Telling Time

40. The German preposition that corresponds to English *at* in telling time is _____. —um

41. When expressing half hours, Germans usually count _____ (after/toward) the hour. —toward

(Other expressions are possible.)

Express in German.

42. One o'clock _____ —Ein Uhr
43. A quarter after one _____ —Viertel nach eins
44. Twelve-thirty _____ —Halb eins
45. Twenty to four _____ —Zwanzig vor vier

Complete, using the 24-hour system.

46. (5 AM) Es ist jetzt _____ .

47. (7:30 AM) Es ist jetzt _____ .

48. (11:34 AM) Es ist jetzt _____ .

49. (5 PM) Es ist jetzt _____ .

50. (8:45 PM) Es ist jetzt _____ .

51. (10:03 PM) Es ist jetzt _____ .

52. (midnight) Es ist jetzt _____ .

Express in German.

53. What time is it? _____

54. It is one o'clock. _____

55. It was a year ago. _____

56. It is five to one. _____

57. I am coming at half past (six o'clock).

(Other expressions are possible.)
—fünf Uhr
—sieben Uhr dreißig
—elf Uhr vierunddreißig
—siebzehn Uhr
—zwanzig Uhr fünfundvierzig
—zweiundzwanzig Uhr drei
—null Uhr

(Other expressions are possible.)
—Wieviel Uhr ist es?
—Es ist ein Uhr.
—Es war vor einem Jahr.
—Es ist fünf vor eins.
—Ich komme um halb sieben.

C. ▶ Separable-prefix verbs: review and expansion

Change the verb to the new meaning by adding the appropriate separable prefix.

58. fahren (*to travel*) to depart _____   —abfahren

59. fangen (*to catch*) to begin _____   —anfangen

60. hören (*to hear*) to stop, cease _____   —aufhören

61. sehen (*to see*) to look, appear _____   —aussehen

62. laden (*to load*) to invite _____   —einladen

63. stehen (*to stand*) to get up _____   —aufstehen

64. nehmen (*to take*) to gain weight _____   —zunehmen

Restate, substituting the cue verb.

65. (wiedersehen) Wann siehst du ihn? Wann _____?   —siehst du ihn wieder

66. (abfahren) Ja, wir fahren morgen. Ja, wir _____ .   —fahren morgen ab

67. (ankommen) Wann kommt der Zug? Wann _____?   —kommt der Zug an

68. (anrufen) Rufen Sie uns! _____!   —Rufen Sie uns an

D. ▶ Negation with **kein** or **nicht**

69. Kein is the equivalent of English _____, _____, _____,
_____ .

—*not, not a, not any, no* followed by a noun

70. **Kein** (not **nicht**) must be used when the direct object is a noun with no article at all or a noun with _____ (an indefinite/a definite) article.   —an indefinite

Negate the sentence.

71. Er hat ein Auto. Er hat _____.   —kein Auto
72. Wir haben Zeit. Wir haben _____.   —keine Zeit

Complete the negation.

73. Hat er Geld? Nein, er hat _____.   —kein Geld
74. Hat er das Geld? Nein, er hat _____.   —das Geld nicht
75. Although the position of **nicht** may vary, some guidelines are helpful. **Nicht** usually stands _____ (in the middle/at the end) of a sentence when it negates the entire sentence.   —at the end
76. When it does not go counter to the rules of word order, **nicht** _____ (follows/precedes) that particular element which it negates.   —precedes
77. **Nicht** precedes expressions of _____ (place/time).   —place
78. **Nicht** follows expressions of _____ (place/time).   —time

Negate the sentence.

79. Ich weiß es. Ich _____.   —weiß es nicht
80. Er sagt, daß er es weiß. Er sagt, daß er _____.   —es nicht weiß
81. Wissen Sie es? Wissen _____.   —Sie es nicht
82. Ich fahre morgen mit. Ich fahre _____.   —morgen nicht mit
83. Ich fahre morgen. Ich _____.   —fahre morgen nicht
84. Ich fahre nach Zürich. Ich fahre _____.   —nicht nach Zürich
85. Fahren Sie bitte schnell! Fahren Sie bitte _____.   —nicht schnell
86. Das ist gut. Das _____.   —ist nicht gut

E. ▶ The function of adverbs

87. An adjective communicates information about a _____.   —noun
88. An adverb communicates information about another adverb, an _____, or a _____.   —adjective, verb
89. The information communicated by an adverb usually pertains to _____, _____, or _____.   —time, manner, place
90. German adverbs _____ (never/someties) have an ending.   —never
91. Adverbs usually apear in the following sequence: _____ (time-place-manner/time-manner-place/place-manner-time).   —time-manner-place
92. Unlike English, in German the adverb is usually not placed between the subject and the _____.   —verb

Supply the German adjective or adverb.

93. *I play tennis very well.* Ich spiele Tennis sehr _____.   —gut
94. *The Wienerschnitzel is good.* Das Wienerschnitzel is _____.   —gut
95. *The train is punctual.* Der Zug ist _____.   —pünktlich
96. *The train departs punctually.* Der Zug fährt _____ ab.   —pünktlich

Expand the sentence, inserting the cued adverbs in their best sequence.

97. (leider/morgen) Sie fliegt nach Hause. Sie fliegt _____.   —morgen leider nach Haus

98. (in der Mensa/mittags) Viele Studenten treffen sich gern. Viele Studenten treffen sich gern _____.   —mittags in der Mensa

99. (hier/immer/am Wochenende) Warum fahren die Autos so schnell? Warum fahren die Autos _____?   —am Wochenende immer so schnell hier

F. ▶ The adverbs **hin** and **her**

100. **Hin** indicates direction _____ (away from/toward) the speaker.   —away from
101. **Her** indicates direction _____ (away from/toward) the speaker.   —toward
102. **Hin** and **her** may be combined not only with verbs, but also with the question word _____.   —wo

Supply **hin** *or* **her**.

103. Warum gehen Sie immer _____ und _____?   —hin, her
104. Ich bin zu Hause. Kommen Sie bitte _____.   —her
105. Das Geld ist zu Hause. Gehen Sie bitte _____ und bringen Sie es _____!   —hin, her

Supply **wo**, **wohin**, *or* **woher**.

106. _____ arbeiten Sie?   —Wo
107. _____ fahren Sie?   —Wohin
108. _____ wohnen Sie?   —Wo
109. _____ gehen Sie?   —Wohin
110. _____ kommen Sie?   —Woher
111. _____ wissen Sie das?   —Woher
112. _____ fliegst du?   —Wohin
113. _____ spielen Sie?   —Wo

G. ▶ Compound nouns

114. German compound nouns take their gender from that of the _____ (first/last) component.   —last

115. In some cases, a linking _____, _____, or _____ is inserted between the components.

—-s-, -es-, -n-

Form a compound noun and give its English equivalent.

116. warten (*to wait*) + das Zimmer (*room*)

—Wartezimmer, *waiting room*

_____

117. der Tag (*day*) + die Temperatur (*temperature*)

—die Tagestemperatur, *today's temperature*

_____

118. kauen (*to chew*) + der Gummi (*gum*)

—der Kaugummi, *chewing gum*

_____

119. die Woche (*week*) + das Ende (*end*)

—das Wochenende, *weekend*

_____

120. das Auto (*car*) + die Bahn (*way*)

—die Autobahn, *interstate highway, turnpike*

_____

Integrieren Sie den neuen Wortschatz

A. Studentenleben. *Ergänzen Sie.*

1. Heute gehe ich in _____ _____ (*library*)

   _____ _____ (*office*)

   _____ _____ (*cafeteria*)

   _____ _____ (*lecture*)

2. Auf unserem Campus haben wir _____ _____ (*a bookstore*)

   _____ _____ (*many dormitories*)

   _____ _____ (*five parking lots*)

3. Studenten haben _____ _____ _____ (*not much time*)

   _____ _____ _____ (*not much money*)

   _____ _____ (*much homework*)

   _____ _____ (*many parties*)

4. Was machen Studenten am Wochenende?

   Sie _____ _____ (*study German*)

   _____ _____ (*go home*)

   _____ _____ (*stay on campus*)

   _____ _____ (*write seminar papers*)

B. *Was ist richtig?*

1. Was findet man <u>nicht</u> auf dem Campus? _____.

   Ein Labor • Einen Feiertag • Einen Hörsaal • Eine Bibliothek

2. Was machen Studenten in der Bibliothek? Sie _____.

studieren • feiern • schlafen ein • lesen • tanzen

C. *Was stimmt nicht? Was ist richtig? Streichen Sie aus, was falsch ist.*

1. Das Wochenende = _____.

Mittwoch • Dienstag • Samstag • Sonntag

2. Studenten schreiben _____.

Seminararbeiten • Quittungen • Briefe • Prüfungen

3. Professoren haben _____.

keine Sprechstunden • immer Zeit • geben Noten • kaufen Bibliotheken

4. Studenten brauchen _____.

Noten • nie Geld • essen in der Bibliothek • gehen in Vorlesungen

5. Auf dem Campus gibt es _____.

Parkplätze • Mensen • Bahnhöfe • Labors

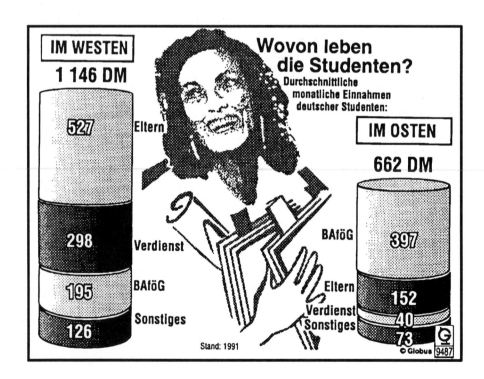

Hör' zu . . . und antworte! Antwortbogen

Übung A. *Circle A, B, or C.*

    1. A B C   3. A B C   5. A B C

    2. A B C   4. A B C   6. A B C

Übung B. Diktat. *Supply punctuation marks.*

    1. _____

    2. _____

    3. _____

Übung C. *Circle A, B, or C.*

    1. A B C   4. A B C   7. A B C   10. A B C

    2. A B C   5. A B C   8. A B C

    3. A B C   6. A B C   9. A B C

A   B   C

Übung D. *Write down the correct answer.*

Bild A (Picture A) _____

Bild B (Picture B) _____

Bild C (Picture C) _____

Probetest

A. *Wieviele Jahre studieren Studenten in diesen Ländern?*

1. In Italien? _____

2. In Japan? _____

3. In Frankreich? _____

4. In Deutschland? _____

5. In Schweden? _____

6. In Großbritannien? _____

7. In den USA? _____

8. In den Niederlanden? _____

B. *Beantworten Sie die Fragen.*

1. Wie ist dein Professor (deine Professorin)? _____

   _____ .

2. Warum fährst du am Wochenende nach Hause? _____

   _____ .

3. Warum bleibst du am Wochenende auf dem Campus? _____

   _____ .

C. *Stellen Sie zwei Fragen an Ihren Professor (Ihre Professorin).*

1. _____

2. _____

D. *Wie spät ist es?*

1. _____

2. _____

3. _____

E. *Wortassoziationen: Du liest oder hörst diese Wörter und denkst an _____ ? Kurze Sätze bitte!*

   Beispiel: *Prüfungen*
   Ich muß studieren.
   Ich habe Angst.
   Ich bin nervös.

1. (Buchhandlung) _____

2. (Ferien) _____

3. (Sprechstunden) _____

F. *Was machen Studenten gern?*

   1. _____

   2. _____

G. *Du bist Student(in). Was machst du* <u>nicht</u> *gern?*

   1. _____

   2. _____

H. *Sie brauchen (suchen) etwas auf dem Campus. Wohin gehen Sie?*

   1. (ein Buch) Ich _____

   2. (eine Professorin) Ich _____

I.   1. Wie spät ist es jetzt? _____

   2. Was machst du heute um 6 Uhr abends? _____

J. *Assoziationen. Sie hören das Wort* _____. *Schreiben Sie einen Satz über dieses Wort.*

   1. (die Ferien) _____

   2. (der Parkplatz) _____

   3. (die Note) _____

K. *Translate the underlined expressions.*

   1. <u>nicht schlecht.</u> _____

   2. <u>Oft schaue</u> ich Bücher <u>nur an.</u> _____

   3. Für sie fangen die Ferien <u>meistens zu spät</u> an. _____

   4. <u>Aber das stimmt nicht immer.</u> _____

L. *Which preposition does not require the accusative?*

gegen, durch, für, mit, um, ohne. _____

M. *Complete as suggested by the cue, using the accusative form.*

1. (der Computer) Ich weiß die Antwort ohne _____.

2. (er) Wir machen es für _____.

3. (die Stadt) Ich gehe gern durch _____.

4. (das Trinken) Ich bin gegen _____.

5. (ein Regenschirm) Ich reise ohne _____.

6. (ich) Ich habe keine Zeit. Fahren Sie ohne _____.

7. (das Geld) Für _____ bekommst du keinen BMW!

8. (der Bus) Das Benzin ist für _____ dort.

9. (die Stadt) Wir fahren um _____.

10. (der Flughafen) Man baut eine Straße um _____.

11. (du) Er spricht gegen _____.

N. *Complete the German translation.*

1. *She sees the ad.* Sie _____ die Reklame.

2. *She looks well.* Sie _____ gut _____.

3. *Do you take the bus?* _____ Sie den Bus?

4. *Do you take the raincoat along?* _____ Sie den Regenmantel

   _____?

5. *Why do I always gain weight?* Warum _____ ich immer

   _____?

6. *I am aware that I am gaining too much weight.* Ich weiß, daß ich zu viel _____.

O. *Give the English equivalents.*

    1. Ich höre euch. _____

    2. Ich höre euch zu. _____

    3. Ich höre bald auf. _____

P. *Negate the statements.*

    1. Wir glauben es. _____

    2. Verstehen Sie mich? _____

    3. Ich fahre morgen ab. _____

    4. Fahren Sie bitte schnell! _____

    5. Er sagt, daß er heute kommt. _____

Q. *Complete the sentences with* **nicht**, **nichts**, *or the appropriate form of* **kein**.

    1. Ich habe _____ gegen Sie.

    2. Er hat _____ Briefmarken.

    3. Ich finde die Arbeit _____ schwer.

    4. Wissen Sie _____ über ihn?

    5. Ich habe _____ Quittung bekommen.

    6. Haben Sie _____ Angst!

    7. Warum trinken Sie _____?

    8. Ist das _____ sehr teuer?

Complete the sentence, arranging the adverbial modifiers in the proper sequence.

1. (hier/gewöhnlich/immer/am Wochenende) Jutta ist _____

_____ .

2. (dort/pünktlich/um acht Uhr) Kommt der Zug _____

_____ an?

3. (morgen/leider/da/nicht) Ich bin _____ .

Kapitel **5**

Selbsttest

▶ Dialog

Translate the underlined expressions.

1. <u>Und schon</u> lädt <u>man</u> dich ein!
2. Bitte, <u>geh'ohne mich.</u>
3. <u>Ich habe keine Lust.</u>
4. <u>Er studiert nicht mehr.</u>

—And already someone
—go without me
—I don't want to
—He isn't a student anymore.

A. ▶ The dative of the definite and indefinite articles

5. The dative is the case of the _____ object.
—indirect

6. English signals the indirect object in one of two ways: by a _____ or by _____ _____ .
—preposition, word order

7. German signals the indirect object by inflection, that is, by changing the _____ of the article.
—form

The dative forms are:

8. der _____ die _____ das _____ die (*pl.*) _____
—dem, der, dem, den

9. ein _____ eine _____ ein _____ keine _____
—einem, einer, einem, keinen

10. The consonant _____ is the characteristic ending for both the masculine and _____ dative forms.
—m
—neuter

11. In the dative, der becomes the _____ form.
—feminine

12. In the dative plural, German nouns end in _____ or _____.
—en, -n

13. An exception is nouns that form their plural by adding _____.
—-s

14. Most nouns _____ (change/do not change) their form in the dative singular.
—do not change

15. An exception is masculine nouns that form their plural in _____.
—-en

Restate, substituting the cued noun.

16. (der Tourist) Er zeigt der Frau die Haltestelle. Er zeigt _____ die Haltestelle.
—dem Touristen

63

17. (der Student) Er gibt der Studentin eine Zeitung. Er gibt
_____ eine Zeitung.   —dem Studenten

18. (der Herr) Sie gibt dem Fräulein die Auskunft. Sie gibt
_____ die Auskunft.   —dem Herrn

19. (die Kinder) Wir schreiben der Zeitung einen Brief. Wir schreiben
_____ einen Brief.   —den Kindern

20. (das Kind) Er gibt dem Jungen das Eis. Er gibt
_____ das Eis.   —dem Kind

21. (die Verkäuferin) Er gibt dem Verkäufer das Geld. Er gibt
_____ das Geld.   —der Verkäuferin

Change the singular noun to the plural, or vice versa.

22. Ich verkaufe es dem Mädchen. Ich verkaufe es

_____.   —den Mädchen

23. Er zeigt es den Lehrern. Er zeigt es _____.   —dem Lehrer

24. Es gehört den Studenten. Es gehört _____.   —dem Studenten

25. Wir schreiben den Lehrerinnen. Wir schreiben

_____.   —der Lehrerin

Replace the definite article by the appropriate form of **ein** *or* **kein**.

26. Ich schreibe der Zeitung. Ich schreibe _____ Zeitung.   —einer (*or*) keiner

27. Wir helfen dem Amerikaner. Wir helfen _____ Amerikaner.   —einem (*or*) keinem

28. Wir zeigen das Foto den Amerikanerinnen. Wir zeigen das Foto
_____ Amerikanerinnen.   —keinen

29. Es gehört den Touristen. Es gehört _____ Touristen.   —keinen

30. Er antwortet dem Mädchen. Er antwortet _____ Mädchen.   —einem (*or*) keinem

31. Es gehört dem Studenten. Es gehört _____ Studenten.   —einem (*or*) keinem

32. Ich zeige es der Studentin. Ich zeige es _____ Studentin.   —einer (*or*) keiner

Give the dative forms.

Nominative	Dative Singular	Dative Plural	
33. der Mann	_____	_____	—dem Mann, den Männern
34. die Frau	_____	_____	—der Frau, den Frauen
35. das Kind	_____	_____	—dem Kind, den Kindern
36. der Student	_____	_____	—dem Studenten, den Studenten

B. ▶ The dative of personal pronouns

Give the dative forms.

37. NOMINATIVE   ich   du   er   sie   es

     DATIVE   _____ _____ _____ _____ _____   —mir, dir, ihm, ihr, ihm

38. NOMINATIVE   wir   ihr   sie   Sie

     DATIVE   _____ _____ _____ _____   —uns, euch, ihnen,
                                                    Ihnen

Supply the German equivalent of the cued pronoun.

39. (*to me*) Er zeigt _____ die Annonce.   —mir
40. (*to her*) Er gibt _____ die Zeitung.   —ihr
41. (*to you* familiar singular) Sie schreibt _____.   —dir
42. (*to us*) Es gehört _____.   —uns
43. (*them*) Antworten Sie _____!   —ihnen
44. (*to you*) Gefällt das _____, Fräulein Dietrich?   —Ihnen
45. (*you*) Wie geht es _____, Kinder?   —euch

Complete, replacing the article and noun with the appropriate pronoun.

46. Ich gebe es einem Freund. Ich gebe es _____.   —ihm
47. Wir bringen es einer Freundin. Wir bringen es _____.   —ihr
48. Ich verkaufe es einem Kind. Ich verkaufe es _____.   —ihm
49. Er gibt es den Eltern. Er gibt es _____.   —ihnen

C. ▶ Prepositions requiring the dative

50. The prepositions that always require the dative are, in alphabetical
order: _____, _____, _____, _____, _____, _____,   —aus, außer, bei, mit,
_____, _____.   nach, seit, von, zu

51. **Seit** may correspond to English _____ or _____ in reference to
time.   —*since, for*

52. **Nach** corresponds to English *after, toward,* or _____.   —*according to*

53. Two of the following cannot be contracted. Which ones? bei dem, bei
der, von dem, von der, zu dem, zu der   —bei der, von der

Complete with a dative preposition that makes sense.

54. Er antwortet immer _____ einem Klischee.   —mit
55. Sie wohnt _____ einem Jahr in Bern.   —seit
56. Wir besuchen euch _____ dem Wochenende.   —nach
57. Er fliegt morgen _____ Amerika.   —nach
58. Ich gehe jetzt _____ Bahnhof.   —zum

59. Ja, der Mann kommt _____ dem Haus.

60. Wir sind _____ gestern wieder zu Haus.

61. Er wohnt immer noch _____ den Eltern.

—aus
—seit
—bei

Respond by completing with the dative of the cued noun.

62. (der Campingplatz) Woher kommst du jetzt? (Use **von**.)

    Ich komme jetzt _____ .

    —vom Campingplatz

63. (eine Woche) Seit wann wohnen Sie hier?

    Ich wohne _____ hier.

    —seit einer Woche

64. (die Eltern) Bei wem wohnst du jetzt?

    Ich wohne jetzt _____ .

    —bei den Eltern

65. (ein Freund) Mit wem tanzt sie?

    Sie tanzt _____ .

    —mit einem Freund

66. (eine Freundin) Mit wem spielst du heute?

    Ich spiele heute _____ .

    —mit einer Freundin

D. ▶ Verbs governing the dative

67. Some common verbs that govern the dative are: *to answer* _____, *to thank* _____, *to please* _____, *to belong* _____, *to believe* _____, *to help* _____.

—antworten, danken, gefallen, gehören, glauben, helfen

Supply the dative of the cued expression.

68. (er) Ich glaube _____ nicht.

    —ihm

69. (das Mädchen) Es gefällt _____ .

    —dem Mädchen

70. (der Professor) Ich antworte _____ .

    —dem Professor

71. (der Kunde) Sie dankt _____ .

    —dem Kunden

72. (die Leute) Wir helfen _____ .

    —den Leuten

73. (die Kundin) Es gehört _____ .

    —der Kundin

74. (sie-*her*) Ich glaube _____ .

    —ihr

75. (ich) Das Foto gefällt _____ .

    —mir

E. ▶ Two-way prepositions

76. The nine prepositions that govern either the accusative or the dative are, in alphabetical order: _____, _____, _____, _____, _____, _____, _____, _____, _____.

—an, hinter, in, neben, über, unter, vor, zwischen

77. The two-way prepositions all indicate _____ (time/location).

—location

78. These prepositions take the accusative when they answer the question _____ (English equivalent _____).

—Wohin?, *Where to?*

79. They take the dative when they answer the question _____ (English equivalent_____).

—Wo?, *where?*

80. When they express motion from one place to another, they take the _____ (dative/accusative).

—accusative

81. When they express position in a place, they take the _____ (dative, accusative).

—dative

82. When the verb indicates motion within a place, it takes the _____ (accusative/dative).

—dative

Complete the answer, putting the cued noun into the proper case.

DAS GESCHÄFT

83. Wo ist Karl? (In) _____ .

—Im [In dem] Geschäft

84. Wohin geht Karl? (In) _____ .

—Ins [in das] Geschäft

85. Wo arbeitet Karl? (In) _____ .

—Im [in dem] Geschäft

DIE BANK

86. Wo liegt das Geld? Auf _____ .

—der Bank

87. Wohin bringst du das Geld? Auf _____ .

—die Bank

DIE TAFEL

88. Wo steht die Hausaufgabe? An _____ .

—der Tafel

89. Wohin schreibt die Lehrerin die Hausaufgabe? An _____

_____ .

—die Tafel

Complete with the appropriate verb of motion or rest.

90. (sitzen/gehen) Wir _____ ins Kaffeehaus.

—gehen

91. (fährt/steht) Das Auto _____ vor dem Haus.

—steht

92. (schreibe/wohne) Ich _____ an die Adresse.

—schreibe

93. (Warten/Gehen) _____ Sie hinter das Haus!

—Gehen

Complete.

94. Der Hund (*dog*) liegt hinter der Tür.

Der Hund geht hinter _____ .

—die Tür

95. Er geht ins Geschäft.

Er arbeitet _____ .

—im Geschäft

96. Sie sitzen an dem Tisch.

    Sie gehen an _____.   —den Tisch

What is the correct translation?

97. *The dog lies under the bed.* Der Hund liegt unter _____ (den/dem)
Tisch.   —dem

98. *The dog goes under the table.* Der Hund geht unter _____ (den/dem)
Tisch.   —den

99. *He hangs the picture between the radio and the door.* Das Bild hängt
zwischen _____ (das/dem) Radio und _____ (die/der) Tür.   —dem, der

100. *He hangs the picture between the radio and the door.* Er hängt das Bild
zwischen _____ (das/dem) Radio und _____ (die/der) Tür.   —das, die

F. ▶ Word order of direct and indirect objects

101. The indirect object usually precedes the direct object, unless the direct
object is a _____.   —pronoun

102. All pronouns _____ nouns.   —precede

103. An accusative pronoun _____ (precedes/follows) a dative pronoun.   —precedes

Complete, changing the underlined words into pronouns.

104. Er schreibt <u>der Zeitung</u> einen Brief

    Er schreibt _____ .   —ihr einen Brief

105. Er schreibt der Zeitung <u>einen Brief</u>.

    Er schreibt _____ .   —ihn der Zeitung

106. Er schreibt <u>der Zeitung</u> <u>einen Brief</u>.

    Er schreibt _____ .   —ihn ihr

107. Wer zahlt dem Arzt <u>die Rechnung</u>?

    Wer zahlt _____ ?   —sie dem Arzt

108. Wer zahlt <u>dem Arzt</u> die Rechnung?

    Wer zahlt _____ ?   —ihm die Rechnung

109. Wer zahlt <u>dem Arzt die Rechnung</u>?

    Wer zahlt _____ ?   —sie ihm

G. ▶ The verb *bekommen* vs. *werden*

110. *I get money.* Ich _____ Geld.   —bekomme

111. *He receives nothing.* Er _____ nichts.   —bekommt

112. *He is getting old.* Er _____ alt.   —wird

113. *Are you getting sick?* _____ Sie krank?   —Werden
114. *Who gets the bill? Wer* _____ die Rechnung?   —bekommt

Complete with the correct form of **werden.**

115. *I get tired quickly.* Ich _____ schnell müde.   —werde

116. *You are getting fat, Oskar!* Du _____ dick, Oskar!   —wirst

117. *He is going to be (is becoming) a teacher.* Er _____
     Lehrer.   —wird

118. *Lea is getting to be prettier and prettier.* Lea _____
     immer hübscher.   —wird

119. *It is getting colder.* Es _____ kälter.   —wird

120. *How does one become rich? Wie* _____ man reich?   —wird

121. *We are getting poorer and poorer.* Wir _____
     immer ärmer.   —werden

122. *Why are you getting angry? Warum* _____ ihr
     böse?   —werdet

123. *The rich are getting richer and richer.* Die Reichen
     _____ immer reicher.   —werden

124. *Sir, don't be (become) fresh with me!* Mein Herr,
     _____ Sie nicht frech mit mir!   —werden

Integrieren Sie den neuen Wortschatz

A. *Was stimmt?*

1. Wer eine Frau/einen Mann hat, ist _____.

   geschieden • ledig • verlobt • geschieden • verheiratet

2. Wer eine Frau/ein Mädchen/einen Mann sehr gern hat, ist.

   freundlich • fröhlich • verliebt • schön

3. Wer viel reist, _____.

   bleibt zu Hause • fährt in andere Länder • parkt am Campus • sieht viel

B. *Ergänzen Sie.*

Ich _____ (envy) dich. Dein Freund/Deine Freundin) ist

_____ (friendly), _____ (educated) und sehr

_____ (nice). Und er/sie ist schon mit dem Studium _____

(finished) und hat schon einen _____ (profession).

C. *Wie heißen diese Berufe auf deutsch?*

	MALE	FEMALE
1. worker	_____	_____
2. physician	_____	_____
3. professor	_____	_____
4. pediatrician	_____	_____
5. teacher	_____	_____

6. salesperson   _____   _____

7. student   _____   _____

Hör' zu . . . und antworte! Antwortbogen

Übung A. *Circle A, B, or C.*

    1. A B C   2. A B C   3. A B C   4. A B C

Übung B. *Circle A, B, or C.*

    1. A B C   3. A B C   5. A B C
    2. A B C   4. A B C   6. A B C

Übung C. *Circle the correct English word for the German cue.*

    1. profession   friendship   5. too bad   single   8. later   sometimes

    2. teacher   leisure time   6. enough   late   9. likeable   that suits me

    3. male friend   female friend   7. to send   to marry   10. slender   single

    4. to remain   to earn

Übung D. *Circle A, B, or both.*

    1. A B   3. A B   5. A B   7. A B   9. A B
    2. A B   4. A B   6. A B   8. A B   10. A B

Übung E.

    1. Ja Nein   3. Ja Nein   5. Ja Nein   7. Ja Nein   9. Ja Nein
    2. Ja Nein   4. Ja Nein   6. Ja Nein   8. Ja Nein   10. Ja Nein

Probetest

A. *Sie haben einen Freund/eine Freundin. Warum paßt er/sie zu Ihnen?*

    1. Er/sie _____

    2. Er/sie _____

B. *Was macht dein Freund/deine Freundin gern?*

    1. Er/sie _____

    2. Er/sie _____

C. *Was schenkst du deiner Mutter zum Geburtstag?*

    _____

D. *Wo arbeitet ein(e) _____?*

    1. (Journalistin) Sie _____

    2. (Pilot/Pilotin) Er/sie _____

    3. (Lehrerin) Sie _____

E. *Was gefällt Ihnen?*

    1. Was gefällt Ihnen in Ihrer Universität?

    _____

    2. Was gefällt Ihnen in Ihrer Universität nicht?

    _____

F. *Wie sieht Ihr Freund/Ihre Freundin aus? Wie ist er/sie?*

    1. Er/sie _____

    2. Er/sie _____

G. *Wem geben Sie was?*

    1. Ich gebe_____   _____

    2. Ich gebe_____   _____

H. *Schreiben Sie, ...*

    1. was Ihnen gefällt _____

    2. was Ihnen nicht gefällt _____

I. *Translate the underlined expressions.*

    1. Er paßt zu mir. _____

    2. Wie nett von ihm. _____

    3. Das gefällt mir. _____

    4. Vielleicht schreibe ich ihr. _____

    5. Er möchte von ihr nur ein Bild. _____

    6. Sie gefällt ihm. _____

J. *Complete.*

    1. German nouns (except those with a plural in -s) signal the dative plural by the ending

    _____.

    2. Five prepositions that always require the dative are: _____,

    _____, _____, _____,

    _____.

    3. Five two-way prepositions are: _____, _____,

    _____, _____, _____.

4. Two-way prepositions take the accusative when they answer the German question

_____ (English _____).

5. Two verbs that govern the dative are _____ and _____.

K. *Give the dative forms.*

1. ich _____   8. der Student _____

2. er _____   9. die Studentin _____

3. wir _____   10. der Arzt _____

4. Sie _____   11. die Leute _____

5. der _____   12. das Büro _____

6. eine _____   13. die Büros _____

7. keine _____   14. der Junge _____

L. *Complete as suggested by the cue.*

1. (to whom) _____ gehört die Zeitung?

2. (to me) Geben Sie _____ das Geld!

3. (them) Helfen Sie _____!

4. (her) Antworten Sie _____!

M. *Complete, using the cued expression.*

1. (die Frau) Schreiben Sie _____!

2. (der Lehrer) Wir antworten _____.

3. (der Junge) Wie geht es _____?

4. (die Mädchen) Das gehört _____.

5. (das Kind) Er gibt es _____.

6. (der Bahnhof) Wir warten vor _____.

7. (die Zeitung) Ich sende das Foto an _____ .

8. (der Flughafen) Die Garage ist unter _____ .

9. (das Hotel) Fahren Sie bitte vor _____ .

10. (die Stadt) Wer fährt heute in _____ ?

11. (das Hotel) Das Taxi wartet vor _____ .

12. (die Tür) Das Foto hängt über _____ .

13. (der Amerikaner) Wir sprechen über _____ .

14. (die Ärztin) Sie wohnt bei _____ .

15. (das Haus) Die Kinder spielen hinter _____ .

16. (der Bismarck-Platz) Sie wohnt neben _____ .

17. (die Vorlesung) Er kommt aus _____ .

18. (die Tische) Suchen Sie zwischen _____ dort!

N. Form commands from the cue words. Add your own punctuation.

1. (nach Hause/wir/jetzt/gehen) _____

2. (Fritz/mit/das Auto/fahren) _____

3. (antworten/Katja/mir) _____

4. (aufstehen/jetzt/Sie) _____

5. (geben/das Wasser/der Hund/Susi und Anna) _____

_____

6. (zuhören/Studenten/mir gut) _____

7. (Jens/helfen/die Leuten) _____

8. (sein/Frau Fischer/nett/Sie) _____

_____

O. *Circle the words to make correct grammatical rules.*

    1. When the _____ (direct/indirect) object is a pronoun, the _____ (direct/indirect) object _____

    (precedes/follows).

    2. (Dative/Accusative) pronouns _____ (follow/precede) _____ (dative/accusative) pronouns.

    3. All _____ (pronouns/nouns) precede all _____ (pronouns/nouns).

P. *Form sentences, rearranging the cued words in the proper word order.*

    1. (ich/dem Arzt/zahle/die Rechnung) _____

    _____

    2. (dem Arzt/er/zahlt/sie) _____

    3. (wir/zahlen/ihm/sie) _____

Q. *Complete with the words that make sense.*

    1. (bekommt/wird) Sie _____ Ärztin.

    2. (auf/an) Wie fange ich _____?

    3. (leid/wirklich) Es tut mir _____.

    4. (kein/nichts) Frau Sperber kauft _____.

    5. (bekommt/wird) Wer _____ den Kaffee?

R. *Complete with the correct form of* **werden**, *then translate.*

    1. Das Wetter _____ schön.

    _____

    2. Es _____ immer spät.

    _____

    3. Ich _____ fast nie krank.

    _____

4. Frau Hauptmann, Sie _____ bald wieder gesund (*healthy, well*).

_____

S. *Complete with the German equivalent of* neither/nor.

1. Das hat _____ Hand _____ Fuß.

2. Ich habe _____ Zeit _____ Geld dafür.

3. Karin trinkt _____ Bier _____ Wein.

Kapitel **6**

Selbsttest

▶ Dialog

Translate the underlined expressions.

1. Fräulein Wegener <u>hat recht</u>.
2. <u>Die Luft muß</u> wieder sauber <u>werden</u>.
3. <u>Wir möchten</u> auf den Feldberg <u>gehen</u>.
4. <u>Alles wegen der Luftverschmutzung.</u>

—is right
—The air must become
—We would like to go
—All this because of the air pollution.

A. ▶ Modal auxiliaries

5. The six modals grouped in pairs by their stem vowel are: (o) _____,
   _____; (ö) _____, _____; (ü) _____, _____.

—sollen, wollen; können, mögen; dürfen, müssen

The basic attitudes associated with the modals are:

6. dürfen _____
7. können _____
8. müssen _____
9. sollen _____
10. wollen _____
11. The modals are usually used in combination with an _____.
12. In a main clause with a modal and an infinitive, the infinitive stands
    _____ of the clause.
13. In a dependent clause with a modal and an infinitive, the modal stands
    _____ (before/after) the infinitive.
14. The only modal that does not have a change in the stem vowel in the
    singular is _____.
15. Any form of **möchte**, derived from **mögen**, always corresponds to
    English _____.
16. German **will**, derived from **wollen**, never corresponds to English
    _____, but always to _____.
17. The preposition **zu** is _____ (sometimes/never) used to connect a
    modal and an infinitive.

—permission
—ability
—duty
—imposed obligation
—intention
—infinitive

—at the end

—after

—sollen

—*would like to*

—*will, want*

—never

Supply the modal suggested by the cue.

18. *(may)* _____ ich fragen?   —Darf
19. *(want to)* Ich _____ nicht fragen.   —will
20. *(must)* _____ du immer so viel fragen?   —Mußt
21. *(ought to)* Sie _____ nicht so viel fragen.   —sollten
22. *(would like to)* Ich _____ nicht fragen.   —möchte
23. *(wants to)* Er _____ nicht mehr fragen.   —will
24. *(can)* Sie _____ nicht mehr fragen.   —kann

Restate, using the cued modal.

25. *(können)* Er spielt gut Tennis. Er _____ .   —kann gut Tennis spielen
26. *(wollen)* Ich arbeite am Wochenende. Ich _____ .   —will am Wochenende arbeiten
27. *(sollen)* Du denkst nicht nur an Geld. Du _____ .   —sollst nicht nur an Geld denken
28. *(müssen)* Warum gehst du schon? Warum _____ ?   —mußt du schon gehen
29. *(möchte)* Ich tanze gern mit dir. Ich _____ .   —möchte gern mit dir tanzen
30. *(dürfen)* Das tue ich nicht. Das _____ .   —darf ich nicht tun

Complete, using the cued phrase.

31. Ich muß jetzt nach Hause gehen. Es tut mir leid, daß _____ .   —ich jetzt nach Hause gehen muß
32. Du willst bald heiraten. Du mußt mehr Geld verdienen, wenn _____ .   —du bald heiraten willst
33. Er kann jetzt nicht heiraten. Er liest keine Heiratsannoncen, weil _____ .   —er jetzt nicht heiraten kann
34. Man darf hier rauchen. Ich weiß nicht, ob _____ .   —man hier rauchen darf

B. ▶ Möchte: a special form of mögen.

35. The form **möchte** is derived from the infinitive _____.   —mögen
36. Any form of **möchte** always means _____ in English.   —*would like to*

Complete with the correct form of möchte.

37. Wir _____ kein Tempolimit.   —möchten
38. _____ du mit mir Bäume pflanzen?   —Möchtest
39. Ich _____ gern langsamer fahren.   —möchte

Supply the proper form of wollen, möchte, *or* gern haben.

40. *He likes it.* Er _____ es _____ .   —hat...gern

41. *He would like to have it.* Er _____ es haben. —möchte
42. *What does he want?* Was _____ er? —will
43. *He would like to buy it.* Er _____ es kaufen. —möchte
44. *He does not want to do it.* Er _____ es nicht tun. —will

C. ▶ More on subordinating conjunctions

Give the German equivalents.

45. *when, as* _____ —als
46. *until* _____ —bis
47. *so that* _____ —damit
48. *whether* _____ —ob
49. *while, whereas* _____ —während
50. *because* _____ —weil (*or* da)
51. Subordinating conjunctions require (V-L/V-S) word order. —V-L

Complete with an appropriate subordinating conjunction.

52. Er will, _____ ich nichts wegwerfe. —daß
53. Ich weiß nicht, _____ sie das wollen. —ob
54. Wir sparen, _____ wir reisen können. —damit
55. Wir können nicht heiraten, _____ wir kein Geld haben. —weil (*or* da)
56. Wir warten, _____ wir mehr Geld haben. —bis

Complete, arranging the cued words in the proper word order.

57. (er/nicht/will/heiraten/weil)

   Er liest keine Heiratswünsche, _____

   _____ —weil er nicht heiraten will.

58. (hat/ob/sie/Zeit) Fragen Sie sie, _____ —ob sie Zeit hat.

59. (eine Wohnung/haben/sie/Da)

   _____, —Da sie eine Wohnung haben,

   können sie heiraten.

Reverse the two clauses.

60. Ich habe nie Geld, obwohl ich immer spare.

   _____ —Obwohl ich immer spare, habe ich nie Geld.

61. Sie dürfen nicht so viel essen, wenn Sie zu viel wiegen.

_____

—Wenn Sie zu viel wiegen, dürfen Sie nicht so viel essen.

62. Da es heute regnet, bleiben wir zu Hause.

_____

—Wir bleiben zu Hause, da es heute regnet.

Combine the two sentences with **sobald, während,** *or seit.*

63. Ich lese nicht mehr so viel. Ich habe einen Fernseher.

_____

_____

—Ich lese nicht mehr so viel, seit ich einen Fernseher habe.

64. Ich höre nicht mehr zu. Die Reklame kommt.

_____

_____

—Ich höre nicht mehr zu, sobald die Reklame kommt.

65. Ich kann nicht studieren. Das Radio spielt die ganze Zeit.

_____

_____

—Ich kann nicht studieren, während das Radio die ganze Zeit spielt.

D. ▶ Question words as subordinating conjunctions

66. When question words function as subordinating conjunctions, they introduce _____ (direct/indirect) questions.

—indirect

67. When questions words function as subordinating conjunctions, they cause _____ (Verb-Last/Verb-Subject) word order.

—Verb-Last

Turn the direct question into an indirect question.

68. Wen kennt er hier? Er fragt,_____

_____ .

—wen er hier kennt

69. Wo nennt man die Amerikaner „Amis"? Er will wissen,

_____ .

—wo man die Amerikaner „Amis" nennt

70. Was kostet ein Flug nach Frankfurt? Können Sie mir sagen,

_____ ?

—was ein Flug nach Frankfurt kostet

Answer the question with an indirect question.

71. Wer ist das Mädchen dort?

    Ich weiß nicht, _____ .

    —wer das Mädchen dort ist

72. Wie heißt der Junge dort?

    Ich kann Ihnen nicht sagen, _____ .

    —wie der Junge dort heißt

73. Wem gehört das Auto hier?

    Wer weiß,_____ ?

    —wem das Auto hier gehört

Complete with the German equivalent of the cued word.

74. (*because*) Er raucht immer, _____ er allein ist.

    —weil (*or*) da

75. (*while*) Er raucht immer, _____ er arbeitet.

    —während

76. (*since*) Er raucht so viel, _____ er so viel Streß hat.

    —da (*or*) weil

77. (*here, there*) Was machst du _____?

    —da

E. ▶ Coordinating conjunctions

78. The five most common coordinating conjunctions are: _____ but, *because, for,* _____ or, _____ but on the contrary, _____ and.

    —aber, denn, oder, sondern, und

79. Coordinating conjunctions _____ (change/do not change) word order.

    —do not change

80. **Denn** and **weil** are interchangeable, but **weil** requires _____ word order.

    —Verb-Last

81. The German two-part conjunction that corresponds to English *either...or* is _____..._____.

    —entweder...oder

Complete with an appropriate coordinating or subordinating conjunction.

82. In Europa sendet man Telegramme nicht durch die „Western Union", _____ durch die Post.

    —sondern

83. In Österreich trinkt man viel Wein, _____ man trinkt auch viel Bier.

    —aber

84. Der Wald stirbt, _____ es gibt zuviel „sauren Regen".

    —denn

85. Wir wollen nicht so viel wegwerfen, _____ das zuviel Umweltschmutz macht.

    —weil

86. Soll ich das Trinkgeld geben, _____ gibst du es?

    —oder

87. _____ Sie schicken mir ein Foto, _____ ich schreibe nicht mehr.

    —Entweder, oder

Complete with **denn** *or* **dann**.

88. Wir gehen jetzt essen, und _____ gehen wir ins Kino.   —dann
89. Wir gehen jetzt essen, _____ es ist ein Uhr.   —denn
90. Wenn Sie am Sonntag telefonieren, _____ ist es nicht so teuer.   —dann

F. ▶ The genitive case

91. The genitive communicates not only possession, but also a relationship between two nouns in which something is _____ of something else.   —part
92. The characteristic genitive ending for masculine and neuter nouns in the *singular* is _____.   —-(e)s
93. Feminine nouns _____ (do/do not) have an ending.   —do not
94. The characteristic genitive ending for the definite and indefinite articles in the masculine and neuter singular is _____.   —es
95. In the feminine, the characteristic ending for the definite and indefinite articles is _____.   —er
96. Plural nouns _____ (never/sometimes) add an ending.   —never
97. **Studenten**-type nouns refer to masculine living beings. They form their plural in _____.   —en
98. They add an _____ in the genitive singular, as they do in all cases except the _____ singular.   —en, nominative
99. All proper names add _____ in the genitive.   —s
100. Unlike English nouns, German nouns do not use an _____, unless the noun ends in an s-sound.   —apostrophe
101. In English, the possessor usually _____ (precedes/follows) the common noun possessed.   —precedes
102. In German, the possessor usually _____ (precedes/follows) the common noun possessed.   —follows
103. With proper nouns, German and English _____ (follow/do not follow) the same word order.   —follow

Complete with the genitive form of the cued article.

104. (das) Die Tür _____ Zimmers ist offen.   —des
105. (die) Die Tür _____ Wohnung ist offen.   —der
106. (die) Die Türen _____ zwei Zimmer sind offen.   —der
107. (der) Die Tür _____ Professors ist immer offen.   —des
108. (ein) Was ist der Preis _____ Zeltes?   —eines
109. (ein) Was ist der Preis _____ Wohnung?   —einer
110. (ein) Was ist der Preis _____ Hauses?   —eines

Complete with the genitive form of the cued noun.

111. (das Haus) Die Garage _____ ist zu klein.   —des Hauses
112. (die Häuser) Die Garagen _____ sind zu klein.   —der Häuser

113. (der Student) Wissen Sie den Namen _____?   —des Studenten
114. (die Studentin) Was ist die Adresse _____?   —der Studentin
115. (die Studenten) Die Antworten _____ sind gut.   —der Studenten
116. (der Arzt) Das Auto _____ ist kaputt.   —des Arztes
117. (die Lehrerin) Hier ist die Adresse _____.   —der Lehrerin
118. (Karl) Wie heißt _____ Freundin?   —Karls
119. (Ingrid) Wer ist _____ Freund?   —Ingrids
120. (Sokrates) _____ Philosophie lebt noch heute.   —Sokrates'
121. (die Fotos) Haben Sie die Negative _____?   —der Fotos

Integrieren Sie den neuen Wortschatz

A. *Wie heißt das Wort?*

Umweltschützer • Umweltproblemen • Waldsterben • Industrieländer • Luftverschmutzung • Grünen

1. Wenn der Wald stirbt, spricht man vom _____.

2. Wenn Sie die Umwelt schützen wollen, sind Sie ein _____.

3. Wenn zuviel Schmutz in der Luft ist, nennt man das die _____.

4. Wenn wir Probleme mit der Umwelt haben, spricht man von _____.

5. Wie heißt die Partei der Umweltschützer? Das sind die _____.

6. Wie nennt man Länder mit viel Industrie? Das sind die _____.

B. *Was hoffen Sie?*

bleiben • zahlen • sterben • gibt • werden • ignorieren

Wir hoffen, wir wünschen...

daß der Wald nicht _____ soll.

daß es nicht mehr so viel „sauren Regen" _____.

daß alle Menschen für den Umweltschutz _____.

daß die Wälder grün _____.

daß die Politiker die Umweltprobleme nicht _____.

daß die Wälder nicht gelb _____.

Hör' zu . . . und antworte! Antwortbogen

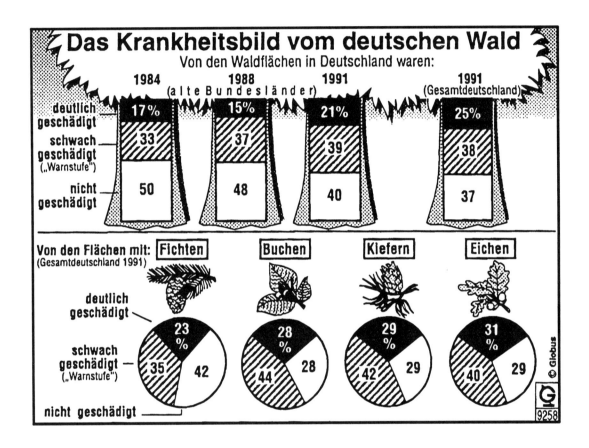

Übung A. *Circle* R (Richtig) *or* F (Falsch).

   1. R F   2. R F   3. R F   4. R F   5. R F   6. R F

Übung B. *If the words sound alike, circle* Ja; *if not, circle* Nein.

   1. Ja Nein   3. Ja Nein   5. Ja Nein   7. Ja Nein   9. Ja Nein

   2. Ja Nein   4. Ja Nein   6. Ja Nein   8. Ja Nein   10. Ja Nein

Übung C. *Lesestück. Was ist richtig? Circle* **A**, **B**, *or* **C**. *At times more than one response is possible.*

1. A B C	5. A B C	9. A B C
2. A B C	6. A B C	10. A B C
3. A B C	7. A B C	11. A B C
4. A B C	8. A B C	12. A B C

Übung D. **Synonyms.** *If the two words or expressions you hear communicate the same idea, circle* Ja; *if not, circle* Nein.

1. Ja Nein	3. Ja Nein	5. Ja Nein	7. Ja Nein	9. Ja Nein
2. Ja Nein	4. Ja Nein	6. Ja Nein	8. Ja Nein	10. Ja Nein

Probetest

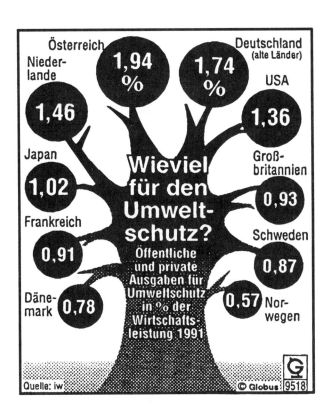

Soviel zahlt man in diesen Ländern für den Umweltschutz.

A. *Was machen Sie für den Umweltschutz?*

    1. Ich _____

    2. Ich _____

B. *Was darf/soll man im Wald nicht machen?*

    1. Man _____

    2. Man _____

C. *Was möchte jeder Student?*

_____

D. *Was möchtest du...? Was sollst du...?*

    1. Was möchtest du gern tun, kannst es aber nicht tun?

    _____

    2. Was sollst du jeden Tag tun, tust es aber nicht?

    _____

E. *Sie lesen diese Wörter und denken an... Schreiben Sie einen Satz über(s)...*

    1. (Waldsterben) _____

    2. (Umweltschutz) _____

F. *Translate the underlined expressions.*

    1. Er darf nicht so schnell fahren, <u>wie er will</u>. _____

    2. <u>Wir möchten nicht hier leben.</u> _____

    3. <u>Aber jetzt müssen sie wählen.</u> _____

    4. <u>Wer es nicht glauben möchte, soll</u> die Statistiken <u>lesen</u>. _____

    5. <u>Es soll nicht so viel kosten.</u> _____

    6. <u>Was können wir tun?</u> _____

G. *Answer in German. (The questions are based on the Lesestück.)*

    1. Was verursacht das Sterben der Wälder?

    _____

    2. Was tut man gegen das Waldsterben?

    _____

    3. Was gehört zum deutschen Lebensstil?

    _____

H. *Supply the appropriate German form of the cued modal.*

    1. *(to be able to)* Ich _____ nicht kommen.

    2. *(to have to)* Wir _____ arbeiten.

    3. *(ought to)* Ich _____ Geld sparen.

    4. *(to be allowed to)* _____ ich das tun?

    5. *(to want to)* Er _____ bald heiraten.

    6. *(would like to)* _____ Sie ein Bier?

I. *Complete, putting the cued words in the proper sequence.*

    1. (ich/fahren/nach Hause/muß)

    Morgen _____

    2. (fahren/daß/er/morgen/nach Hause/muß)

    Er sagt, _____

    3. (Sie/wollen/kaufen/ein Auto)

    Warum _____

J. *Complete the German translation.*

    1. *Does she want to do that?* _____ das tun?

    2. *Would he like to do that?* _____ er das tun?

    3. *May we do that?* _____ das tun?

    4. *We have to do that.* _____ das tun.

K. *Complete, putting the cued words in the proper sequence.*

    1. (muß/Geld/sie/verdienen)

    Sie arbeitet, da _____

    2. (will/er/Geld/verdienen)

    Er arbeitet, denn _____

3. (kaufen/eine Lederhose/wo/kann/ich)

Wissen Sie, _____ .

4. (aber/kann/er/nicht/mitkommen/heute)

Er möchte gern, _____ .

L. *Supply the appropriate conjunction.*

1. Kommen Sie mit, _____ bleiben Sie zu Hause?

2. Ich bleibe zu Hause, _____ es heute regnet.

3. Ich fahre in die Berge, _____ das Wetter ist sehr gut.

4. Er ist nicht zu Hause, _____ im Geschäft.

5. Er hat ein Auto, _____ er geht immer zu Fuß.

6. _____ du sagst ja, _____ du sagst nein.

M. *Complete with the genitive form of the cued word.*

1. (die Frau) die Adresse _____

2. (der Tourist) das Hotel _____

3. (das Zimmer) die Nummer _____

4. (das Geschäft) die Adresse _____

5. (die Touristen) die Namen _____

6. (die Eltern) das Foto _____

7. (Karl) _____ Foto

8. (Herr Müller) _____ Frau

9. (der Lehrer) die Frage _____

10. (Johann Strauß) _____ Walzer

N. *Express in German.*

    1. (Ask what she would like to do.) _____

    2. (Say that she cannot come today.) _____

    3. (Say that you believe it is 3:15 PM.) _____

O. *Complete.*

    1. German modals are never used in combination with the preposition _____.

    2. The meaning of a modal is not always complete until it is connected to the _____.

    3. The stem vowel of modals is different only in the _____ (plural/singular).

    4. Subordinating conjunctions require _____ word order.

    5. Sondern means _____.

    6. Feminine nouns _____ (do/do not change) their form in the genitive.

    7. Masculine and neuter nouns end in _____ in the genitive, except for the

        _____-type nouns.

    8. Denn and weil require _____ (the same/a different) word order.

    9. Möchte always means _____.

P. *Lesen Sie dieses Gedicht[1] und beantworten Sie die Fragen (auf deutsch und dann auf englisch)!*

Tip der Woche

Bis zur Klärung°   *clarification*
der Ursachen°.   *causes*
des Waldsterbens
wird der Bevölkerung
empfohlen°   *wird...empfohlen: the*
bei saurem Regen   *population is advised*
Zucker
in die Luft zu blasen°.   *blow*
—VON HERBERT FRIEDMANN

[1] Printed with the kind permission of the author.

1. Warum paßt dieses Gedicht zu diesem Kapitel?

   _____

   _____

2. Was soll man tun?

   _____

   _____

3. Warum ist Friedmanns „Tip" ironisch?

   _____

   _____

Kapitel 7

Selbsttest

▶ Dialog

Translate the underlined expressions.

1. Wie lange <u>seid ihr verheiratet?</u>   —have you been married
2. Da <u>hast du</u> wohl an mich <u>gedacht.</u>   —you have thought
3. <u>Wir haben</u> für ein neues Auto <u>gespart.</u>   —We have saved
4. Was nicht ist, <u>kann noch werden.</u>   —can still happen

A. ▶ Present perfect: conversational past

5. The five major tenses are: _____, _____, _____, _____,
   _____.

   —present, past, present perfect, past perfect, future

6. In general, German-speaking people use the _____ (past/present perfect) when talking about past events.

   —present perfect

7. The present perfect is also known as the _____ _____.

   —conversational past

8. The present perfect is called a "compound" tense because it is formed with an auxiliary and a _____ _____.

   —past participle

9. Most German verbs form their present perfect with the auxiliary _____.   —haben

B. ▶ Position of the past participle

10. In a main clause, the past participle stands at _____ (the beginning/the end) of the clause.

    —the end

11. In a dependent clause, the _____ (past participle/conjugated verb) stands at the end.

    —conjugated verb

Form a sentence or question, putting all the cued expressions into the correct word order.

12. (gehört/ich/habe/heute morgen/den Wetterbericht)

    _____

    _____

    —Ich habe heute morgen den Wetterbericht gehört.

13. (Sie/heute morgen/den Wetterbericht/haben/gehört)

_____

_____

—Haben Sie heute morgen den Wetterbericht gehört?

14. (gehört/den Wetterbericht/heute morgen/hat/er)

Er sagt, daß _____

_____

—er heute morgen den Wetterbericht gehört hat.

C. ▶ Auxiliary **haben** or **sein** in the present perfect

15. In order to be conjugated with **sein** instead of **haben**, a German verb must fulfill _____ (two/three) conditions.

—two

16. The first condition is that the verb must denote either a change of _____ or _____.

—place, condition

17. The second condition is that the verb must be _____ (transitive/ intransitive).

—intransitive

18. An intransitive verb is one that cannot take _____ (a direct object/ an indirect object).

—a direct object

19. _Does sentence a or sentence b contain a direct object?_

   a) Er ist mit einem Porsche gefahren.

   b) Er hat einen Porsche gefahren.

—sentence b

Do the following verbs denote a change of condition, a change of place, or neither?

20. **laufen** _to run_ _____

—change of place

21. **hören** _to hear_ _____

—neither

22. **werden** _to become_ _____

—change of condition

23. **durchfallen** _to fail_ _____

—change of condition

24. **wohnen** _to inhabit_ _____

—neither

25. **sterben** _to die_ _____

—change of condition

Name five other verbs that also use **sein** as the auxiliary.

26. _to remain_ _____

—bleiben

27. _to happen_ _____ or _____

—geschehen, passieren

28. _to succeed_ _____

—gelingen

29. _to be_ _____

—sein

Supply the appropriate form of **haben** or **sein**.

30. Das Flugzeug _____ gelandet.

—ist

31. Wir _____ in Leipzig gewesen.

—sind

32. Wer _____ das Auto gefahren?

—hat

33. Er _____ oft in den Alpen gewandert.   —ist

34. Er sagt, daß er mit der Straßenbahn gefahren

    _____.   —ist

35. Wie lange _____ Sie in Liechtenstein geblieben? —sind

36. Was _____ passiert?   —ist

37. Wir _____ im Hotel gewohnt.   —haben

38. _____ du durch die Schweiz gereist?   —Bist

39. Nichts _____ geschehen.   —ist

D. ▶ Formation of the past participle

40. Both weak and strong verbs form their past participle with the prefix

    _____.   —ge-

41. Weak verbs add the ending _____.   —-(e)t

42. Strong verbs add the ending _____.   —-en

43. Strong verbs usually also change their _____ _____.   —stem vowel

Complete with the past participle of the cue infinitive. (The past participle vowel of strong verbs is indicated.)

44. (sprechen, o) Ich habe oft Deutsch _____.   —gesprochen

45. (tanzen) Wo habt ihr am Wochenende _____?   —getanzt

46. (bleiben, ie) Er ist nicht lange hier _____. —geblieben

47. (haben) Ich habe keine Zeit _____.   —gehabt

48. (fliegen, o) Wir sind mit Lufthansa _____.   —geflogen

49. (kommen, o) Wann seid ihr _____?   —gekommen

50. (lesen, e) Er will wissen, ob du die Annonce

    _____ hast.   —gelesen

51. (laufen, au) Sie ist sehr schnell _____.   —gelaufen

E. ▶ Mixed verbs

The most common mixed verbs are:

52. *to know* (a person) _____   —kennen

53. *to name* _____   —nennen

54. *to run* _____   —rennen

55. *to bring* _____   —bringen

56. *to think* _____   —denken

57. *to know* (an abstraction) _____   —wissen

58. Mixed verbs are called "mixed" because they combine the weak

    ending _____ with the strong

    _____ _____.   —-t, vowel change

Complete with the past participle.

59. (denken) Das habe ich mir _____! —gedacht

60. (bringen) Hast du das Bier _____? —gebracht

61. (kennen) Er hat Fritz gut _____. —gekannt

62. (wissen) Haben Sie das nicht _____? —gewußt

63. (rennen) Er sagt, daß er heute schon _____ ist. —gerannt

64. (nennen) Er hat mich „Dummkopf" _____! —genannt

F. ▶ Principal parts of verbs

65. The principal parts of a verb are the _____ _____, and the
    _____ _____.
    —infinitive, past tense, past participle

66. Vowel changes in a dictionary or a vocabulary are shown for _____
    (strong/weak) verbs.
    —strong

67. A third vowel indicates that the verb also has a vowel change in the
    _____ and _____ -forms of the _____ (past/present) tense.
    —du, er/sie/es, present

Give the principal parts indicated by the vowels.

68. finden, a, u _____ _____ —fand, gefunden

69. geben (i), a, e _____ _____
    _____
    —gibt, gab, gegeben

G. ▶ Other verbs in the present perfect: Separable- and inseparable-prefix verbs

70. Verbs with separable prefixes place -ge- between the _____ and the
    _____ of the past participle.
    —prefix, stem

71. Verbs with inseparable prefixes _____ (form/do not form) their past
    participle with ge-.
    —do not form

72. The most common inseparable prefixes are, in alphabetical order:
    _____, _____, _____, _____, _____, _____, and
    _____.
    —be-, emp-, ent-, er-, ver-, zer-

73. Another group of verbs that do not use the prefix ge- in forming the
    past participle are the verbs whose infinitive ends in _____.
    —-ieren

Complete with the past participle of the cued word.

74. (gefallen (ä), ie, a) Tina, dein Foto hat mir gut _____! —gefallen

75. (aussehen (ie), a, e) Wie hat er heute _____? —ausgesehen

76. (annoncieren) Er hat in der Zeitung _____. —annonciert

77. (ergänzen) Ich habe den Satz. _____ —ergänzt

78. (verdienen) Wieviel Geld hast du _____? —verdient

79. (kennenlernen) Wo haben Sie das Mädchen _____? —kennengelernt

80. (diskutieren) Sie sagen, daß sie das nicht _____ haben.   —diskutiert
81. (studieren) Er sagt, daß er das nicht _____ hat.   —studiert
82. (mitnehmen (i), a, o) Ich habe es nicht, weil sie es _____ hat.   —mitgenommen
83. (anfangen (ä), i, a) Die Vorlesung hat schon _____.   —angefangen

Restate in the present perfect.

84. Sie vergessen Ihren Regenschirm!

    _____   —Sie haben Ihren
    _____   Regenschirm vergessen!

85. Was essen Sie?

    _____   —Was haben Sie
    _____   gegessen?

86. Du hilfst ihm. Ich weiß, daß

    _____
    _____   —du ihm geholfen hast.

87. Die Zeitung bringt heute schlechte Nachrichten.

    _____   —Die Zeitung hat heute
    _____   schlechte Nachrichten
                                            gebracht.

88. Ich stehe um acht Uhr auf.

    _____   —Ich bin um acht Uhr
    _____   aufgestanden.

89. Er zahlt die Rechnung.

    _____   —Er hat die Rechnung
                                              gezahlt.

90. Wieviel Käse produziert die Schweiz?

    _____   —Wieviel Käse hat die
    _____   Schweiz produziert?

91. Der Film gefällt mir. Ich sage, daß

    _____   —mir der Film gefallen
    _____   hat.

92. Wann kommen Sie an?

    _____   —Wann sind Sie
                                              angekommen?

H. ▶ The **der**-words

Some of the most common **der**-words are:

93. *this, that, these* _____   —dies-
94. *each, every* _____   —jed-
95. *that, those* _____   —jen-
96. *many a, several, some* _____   —manch-
97. *such, such a* _____   —solch-
98. *which* _____   —welch-
99. These determiners are known as **der**-words because they have the same ending as the _____ article.   —definite

*Replace the definite article by the **der**-word suggested by the cue.*

100. (*which*) Das Wort verstehen Sie nicht? _____ Wort verstehen Sie nicht?   —Welches
101. (*this*) Das Souvenir habe ich in Trier gekauft. _____ Souvenir habe ich in Trier gekauft.   —Dieses
102. (*this*) Ich wohne bei der Familie. Ich wohne bei _____ Familie.   —dieser
103. (*each*) Österreich gefällt dem Touristen. Österreich gefällt _____ Touristen.   —jedem

*Translate the **der**-word.*

104. Solche Fragen sind sehr populär. _____ *questions are very popular.*   —Such
105. Manches Schulkind lernt sehr schnell lesen. _____ *schoolchild learns to read very quickly.*   —Many a
106. Manche Leute wollen nie unrecht haben. _____ *people will never admit to being wrong.*   —Some
107. Das weiß jedes Kind! _____ *child knows that!*   —Every

I. ▶ Prepositions requiring the genitive

The four main prepositions that require the use of the genitive are:

108. *instead of* _____   —(an)statt
109. *in spite of* _____   —trotz
110. *during* _____   —während
111. *because of* _____   —wegen

Complete with the appropriate genitive preposition.

112. _____ der Inflation ist das Leben heute sehr teuer.   —Wegen

113. Wir fahren _____ des Wochenendes nach
     Freiburg.
     —während

114. Ich möchte _____ eines Fahrrads ein Auto
     haben.
     —statt

115. _____ des Regens geht er zu Fuß.
     —Trotz

116. _____ des Winters wohnen wir an der Riviera.
     —Während

J. ▶ Während: *while* vs. *during*

Give the English equivalent of **während**.

117. Während es in Nordamerika Winter ist, ist es in Südamerika Sommer.
     _____
     —While

118. Während des Sommers ist es oft sehr heiß. _____
     —During

Integrieren Sie den neuen Wortschatz

A. *Was ist das Gegenteil?*

    1. abnehmen: _____ (*to gain weight*)

    2. verheiratet: _____ (*single*)

    3. die Bevölkerungsexplosion: _____ (*zero population growth*)

    4. der Sommer: _____ (*winter*)

    5. der Frühling: _____ (*autumn*)

    6. für: _____ (*against*)

B. *Welche Präposition paßt hier?*

    1. Wie lange schon? _____ Herbst sind es drei Jahre.

    2. An wen hast du gedacht? Ich habe _____ dich gedacht.

    3. Wo haben Sie das gesehen? Ich habe es _____ Fernsehen gesehen.

    4. Wieviel hat die Bevölkerung zugenommen? _____ etwa 200.000.

    5. Soll die Frau _____ Hause bleiben oder außer Haus arbeiten?

    6. _____ dieser Entscheidung stehen viele Frauen.

    7. Man kann für oder _____ etwas argumentieren.

    8. In Deutschland leben 231 Menschen _____ Quadratkilometer.

C. *Wie heißen die vier Himmelsrichtungen (directions)?*

    1. _____   3. _____

    2. _____   4. _____

Hör' zu . . . und antworte! Antwortbogen

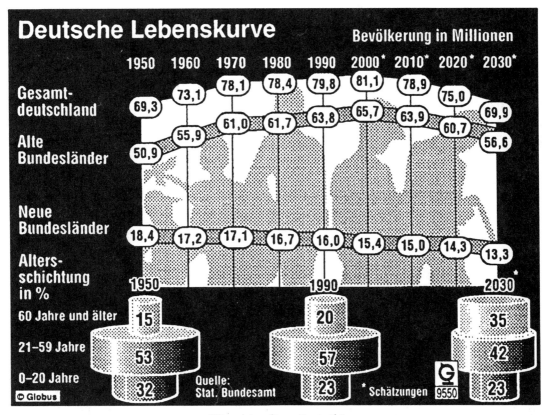

Was zeigt diese Statistik?

Übung A. *Circle A, B, or C. Sometimes more than one answer is correct.*

1. A B C	3. A B C	5. A B C
2. A B C	4. A B C	6 A B C

Übung B. *Circle L (Logisch) or U (Unlogisch).*

1. L U   2. L U   3. L U   4. L U   5. L U   6. L U

Übung C. Circle 1, 2, or 3. Which word of each group of threes does not sound like the others?

1. 1 2 3   6. 1 2 3
2. 1 2 3   7. 1 2 3
3. 1 2 3   8. 1 2 3
4. 1 2 3   9. 1 2 3
5. 1 2 3   10. 1 2 3

Übung D. Which word does not belong in the series? Circle 1, 2, or 3.

1. 1 2 3   6. 1 2 3
2. 1 2 3   7. 1 2 3
3. 1 2 3   8. 1 2 3
4. 1 2 3   9. 1 2 3
5. 1 2 3   10. 1 2 3

Übung E. Circle R (Richtig) or F (Falsch).

1. R F   4. R F   7. R F   10. R F   13. R F
2. R F   5. R F   8. R F   11. R F   14. R F
3. R F   6. R F   9. R F   12. R F   15. R F

Probetest

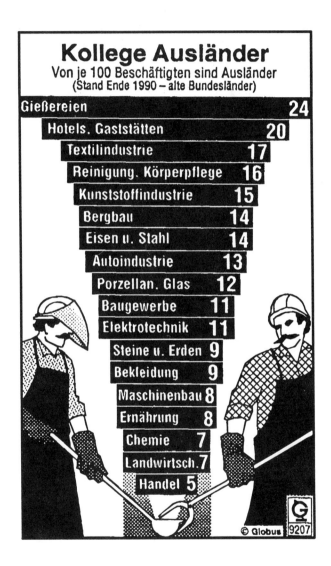

Kollege Ausländer
Von je 100 Beschäftigten sind Ausländer
(Stand Ende 1990 – alte Bundesländer)

Gießereien	24
Hotels, Gaststätten	20
Textilindustrie	17
Reinigung, Körperpflege	16
Kunststoffindustrie	15
Bergbau	14
Eisen u. Stahl	14
Autoindustrie	13
Porzellan, Glas	12
Baugewerbe	11
Elektrotechnik	11
Steine u. Erden	9
Bekleidung	9
Maschinenbau	8
Ernährung	8
Chemie	7
Landwirtsch.	7
Handel	5

© Globus 9207

A. *In welchen Industrien arbeiten die Gastarbeiter Deutschlands?*

_____

_____

B. *Was weißt du über _____? Was wissen Sie über _____?*

    1. (deinen Großvater) _____

    2. (deine Großmutter) _____

C. *Fragen.*

    1. Was hast du am Wochenende gemacht?

    Ich _____

    2. Wo seid ihr gestern abend gewesen?

    Wir _____

    3. Welches Geschenk haben dir deine Eltern gebracht?

    Sie _____

D. *Was machen wir heute _____?*

    1. (das Wetter) Trotz _____ .

    2. (die Gesundheit) Wegen _____ .

    3. (der Einkauf) Statt _____ .

E. *Schreiben Sie zwei Sätze über die Bevölkerungsexplosion.*

    1. _____

    2. _____

F. **Fragen.** *a) Sie fragen einen anderen Studenten, was er/sie letzte Woche gemacht hat. (Fragen Sie zwei Studenten.) b) Er/sie antwortet.*

    1. a) Frage: _____

    b) Antwort: _____

    2. a) Frage: _____

    b) Antwort: _____

NAME_____ KURS_____ DATUM_____

G. *Translate the underlined expressions.*

    1. Die Bevölkerung <u>eines Landes</u>. _____

    2. Die Bevölkerung <u>hat nicht mehr zugenommen</u>. _____

    3. Viele junge Ehepaare <u>stehen vor der Entscheidung</u>. _____

    4. <u>Die Debatte hat erst begonnen.</u> _____

    5. Die Bevölkerungsexplosion <u>ist ein Problem geworden</u>. _____

H.   1. Verbs that have an inseparable prefix do not have the _____ in the past participle.

    2. Strong verbs have the ending _____ in the past participle.

    3. The auxiliary **sein** is used when the verb is intransitive and communicates _____

    or _____.

I. *Give the past participle.*

    1. studieren _____   4. spielen _____

    2. finden _____   5. bekommen _____

    3. ankommen _____   6. denken _____

J. *Express in German, using the present-perfect tense.*

    1. I drove to Munich. _____

    2. He stayed at home. _____

    3. We bought a car. _____

    4. I sold a VW. _____

    5. She saw Max this weekend. _____

    6. They discussed the energy crisis. _____

    7. What has happened? _____

K. *Complete by rearranging the cue words in their proper sequence.*

    1. (gekommen/pünktlich/sind/wir/nicht)

    Es tut uns leid, daß_____.

    2. (das Auto/gekauft/wann/du/hast)

    Er fragt, _____.

L. *Rewrite in the present perfect.*

    1. Der Zug kommt an. _____

    2. Er wandert nach Amerika aus. _____

    3. Er besucht uns nicht. Es ist schade, das _____

M. *Rewrite, substituting the cued verb.*

    1. (essen) Was hast du vergessen?

    Was _____

    2. (abfahren) Wann sind Sie nach Basel gefahren?

    Wann _____

    3. (protestieren) Wo haben Sie gegen den Krieg gesprochen?

    Wo _____

    4. (aufstehen) Wann hat er es verstanden?

    Wann _____

N. *Complete as suggested by the cued* der-*word.*

    1. (*this*) Hast du _____ Bild gesehen?

    2. (*Which*) _____ Jungen hast du das Geld gegeben?

    3. (*every*) Er kennt _____ Mädchen hier.

    4. (*every*) Ich will _____ Menschen helfen.

    5. (*these*) Kennen Sie _____ Frauen?

O. *The prepositions that take the genitive, along with their English equivalent, are:*

_____ _____, _____

_____, _____ _____, and

_____ _____.

P. *Complete with the German equivalent.*

1. *We are staying here because of the rain.*

_____ bleiben wir hier.

2. *In spite of the weather we go hiking.*

_____ gehen wir wandern.

3. *He met her during the year.*

Er hat sie _____ kennengelernt.

4. *I am reading a book instead of the newspaper.*

Ich lese ein Buch _____ .

Q. *Complete with the genitive form of the cued noun.*

1. (die Erkältung) Trotz _____ spielt Thomas Tennis.

2. (das Jahr) Während _____ wohnt er hier.

3. (der Schwefel) Wegen _____ gibt es „sauren Regen".

R. *Complete as you wish, using the past participle of the cued infinitive.*

1. (sprechen) Ich kann gut Deutsch, da _____ .

2. (geschehen) Wer weiß, wie _____ .

S. *Try to guess the meaning of these German proverbs. Draw a line from the German to its equivalent.*

Wer zuletzt lacht, lacht am besten.

Ohne Fleiß, kein Preis.

Eine Hand wäscht die andere.

Übung macht den Meister.

Reden ist Silber, Schweigen ist Gold.[1]

Auf Regen folgt Sonnenschein.

Morgen, morgen, nur nicht heute, sagen
    alle faulen Leute.

Hunger ist der beste Koch.

Talk is silver, silence is golden.

One hand washes the other (or You scratch my back,
    I'll scratch yours).

Sun follows rain.

He who laughs last laughs best.

Without effort, no reward.

Hunger is the best cook.

Mañana por la mañana.

Practice makes perfect.

[1] Nicht in der Deutschstunde!

Kapitel 8

Selbsttest

▶ Dialog

Translate the underlined expressions.

1. Er <u>schrieb den Roman</u>.   —wrote the novel
2. Thomas Mann <u>war ein Dichter</u>.   —was a writer
3. <u>Sie bekam</u> den Nobelpreis.   —She received
4. <u>Er entdeckte</u> neue Strahlen.   —He discovered
5. Hitler <u>kam</u> 1933 <u>an die Macht</u>.   —came to power

A. ▶ The past tense: weak, strong, mixed verbs

6. The past tense is also known as the _____ past.   —narrative

7. The past tense is used mostly _____ (in writing/in speaking).   —in writing

8. Like most English verbs, German weak verbs form their past tense with the help of a dental sound. In German, this sound is _____.   — -t-

9. The personal verb endings for weak verbs in the past tense are -e for the _____- and _____- forms;   —ich, er/sie

10. -en for the _____- and _____-forms;   —wir, sie/Sie

11. -est for the _____-form;   —du

12. -et for the _____-form.   —ihr

13. A linking -e- is inserted to make the past-tense dental sound audible when the verb stem ends in _____ or _____.   — -d, -t

Give the past-tense forms.

14. ich, er/sie entdeck____   — -te

15. wir, sie/Sie entdeck____   — -ten

16. du entdeck____   — -test

17. ihr entdeck____   — -tet

18. ich, er/sie arbeit____   — -ete

19. wir, sie/Sie arbeit____   — -eten

20. du arbeit____   — -etest

21. ihr arbeit____   — -etet

22. Strong verbs form their past tense by changing the _____ _____.   —stem vowel

23. The personal endings for strong verbs are _____ (the same as/different from) those of weak verbs, but there is no ending in the _____- and _____-forms.   —the same as, ich, er

24. When the stem ends in _____ or _____, a linking _____ is inserted.   —d, -t, -e-

Supply the past tense ending, if one is necessary.

geben (*to give*)

25. ich, er/sie gab____   —no ending

26. wir, sie, Sie gab____   —-en

27. du gab____   —-st

28. ihr gab____   —-t

finden (*to find*)

29. ich, er/sie fand____   —no ending

30. wir, sie, Sie fand____   —-en

31. du fand____   —-est

32. ihr fand____   —-et

33. Although the vowel change cannot be predicted, many German strong
    verbs follow the same vowel-change pattern as their _____ cognates.   —English

Give the principal parts of the German equivalent.

34. *come, came, come* _____,
    _____, _____   —kommen, kam, gekommen

35. *drink, drank, drunk* _____,
    _____, _____   —trinken, trank, getrunken

36. *drive, drove, driven* _____,
    _____, _____   —fahren, fuhr, gefahren

Give the past tense **er**-*form of the verb.*

37. gehen; er _____   —ging
38. stehen; er _____   —stand
39. tun; er _____   —tat
40. The vowel change in the past tense is _____ (always/not necessarily)
    maintained in the past participle.   —not necessarily

Complete, changing the verb from the present to the past tense.

41. Ich warte auf dich. Ich _____ auf dich.   —wartete
42. Wir antworten dir. Wir _____ dir.   —antworteten
43. Was sagt er? Was _____ er?   —sagte
44. Wieviel kostet es? Wieviel _____ es?   —kostete
45. Sie verkaufen es. Sie _____ es.   —verkauften
46. Wann besuchst du ihn? Wann _____ du ihn?   —besuchtest
47. Ich brauche viel Geld. Ich _____ viel Geld.   —brauchte

Supply the past tense of the cued verb.

48. (fahren) (ä), u, a) Viele Deutsche _____ ans Meer.   —fuhren
49. (treffen (i), a, o) Überall _____ man deutsche
    Touristen.   —traf
50. (geben (i), a, e) Es _____ viele Charter-Flüge.   —gab
51. (heißen, ie, ie) Wie _____ das Buch?   —hieß
52. (schreiben, ie, ie) Ich _____ an das Reisebüro.   —schrieb
53. (sprechen (i), a, o) _____ ihr immer nur Deutsch?   —Spracht
54. (stehen, a, a) Was _____ in der Zeitung?   —stand
55. Mixed verbs form their past tense both by a change in the _____
    _____ and with the help of the dental sound _____.   —stem vowel, -t-

Give the past tense.

56. denken: ich _____   —dachte
57. rennen: du _____   —ranntest
58. bringen: wir _____   —brachten
59. wissen: er _____   —wußte
60. kennen: ihr _____   —kanntet
61. nennen: sie (she) _____   —nannte

Give the past tense form of **haben, sein,** *and* **werden.**

haben

62. ich, er _____   —hatte
63. du _____   —hattest
64. wir, sie, Sie _____   —hatten
65. ihr _____   —hattet

sein

66. ich, er _____   —war
67. du _____   —warst
68. wir, sie, Sie _____   —waren
69. ihr _____   —wart

werden

70. ich, er _____   —wurde
71. du _____   —wurdest
72. wir, sie, Sie _____   —wurden
73. ihr _____   —wurdet

Restate in the past tense or in the present perfect.

74. Ich habe hier gestanden. Ich _____ .   —stand hier

75. Er rief uns an. Er _____ .   —hat uns angerufen

B. ▶ The past tense of modals

Supply the past tense of the cued modal.

76. (müssen) Ich _____ es tun.   —mußte
77. (dürfen) Wir _____ nach Hause gehen.   —durften
78. (können) Warum _____ du nicht kommen?   —konntest
79. (sollen) Er _____ gestern mitkommen.   —sollte
80. (wollen) _____ Sie es nicht kaufen?   —Wollten

81. Three of the modals above form their past tense like mixed verbs. They are: _____, _____, and _____.

—dürfen, können, müssen

82. The vowel change they undergo consists of _____ (umlauting/ dropping the umlaut).

—dropping the umlaut

83. The modals that undergo no change in the stem vowel are _____ and _____.

—sollen, wollen

Complete the German equivalent.

84. *I had to see it.* Ich _____ .

—mußte es sehen

85. *He was allowed to do it.* Er_____ .

—durfte es tun

86. A separable-prefix verb follows the same word-order pattern in the past tense as in the _____ tense.

—present

87. In a main clause, the prefix is _____ (separated/not separated).

—separated

88. In a dependent clause, the prefix _____ (is separated from/remains attached to) the verb stem.

—remains attached to

C. ▶ Separable- and inseparable-prefix verbs in the past tense

Restate in the past tense.

89. Er steht jeden Tag um sieben auf.

Er _____ .

—stand jeden Tag um sieben auf

90. Ich weiß, daß er immer um sechs aufsteht.

Ich _____ .

—weiß, daß er immer um sechs aufstand

91. Röntgen entdeckt 1895 die Röntgenstrahlen.

Röntgen _____ .

—entdeckte 1895 die Röntgenstrahlen

92. Ich weiß, daß Röntgen diese Strahlen 1895 entdeckt.

Ich _____ .

—weiß, daß Röntgen diese Strahlen 1895 entdeckte

D. ▶ Uses of the infinitive with modals

93. In a main clause, the complementary infinitive of a modal stands _____ (at the end/next to the end) of the clause.

—at the end

94. In a dependent clause, the sequence is _____ (modal-infinitive/ infinitive-modal).

—infinitive-modal

Give the German equivalent.

95. He wants to stay home.

_____

—Er will zu Hause bleiben.

96. He says that he wants to stay home.

_____   —Er sagt, daß er zu
                                               Hause bleiben will.

Other verbs used with the infinitive are:

97. *to help* _____   —helfen
98. *to hear* _____   —hören
99. *to let* _____   —lassen
100. *to learn* _____   —lernen
101. *to see* _____   —sehen

Give the German equivalent.

102. *I hear the train coming.* Ich _____ den Zug
_____ .   —höre...kommen

103. *He does not let me speak.* Er _____ mich nicht
_____ .   —läßt...sprechen

Translate.

104. Professor Röntgen mußte auch lehren.   —*Professor Röntgen also
                                          had to teach.*

105. Meine Eltern halfen mir, das Auto zu bezahlen.   —*My parents helped me
                                          pay for the car.*

106. Ich weiß, daß Frau von Suttner gegen den Krieg protestieren wollte.   —*I know that Mrs. Von
                                          Suttner wanted to protest
                                          against war.*

107. Man läßt uns hier nicht parken.   —*They don't allow us to
                                          park here.*

108. Wir lassen uns einen VW aus Deutschland kommen.   —*We are having a VW
                                          shipped from Germany.*

109. Ich konnte das Telefon nicht hören.   —*I was not able to hear
                                          the telephone.*

E. ▶ Possessive adjectives as **ein**-words: review and expansion

The possessive adjectives are:

110. *my* _____, *your (familiar)* _____, *his* _____   —mein, dein, sein
111. *her* _____, *our* _____, *your (familiar plural)* _____   —ihr, unser, euer
112. *their* _____, *your (formal)* _____   —ihr, Ihr

113. The possessive adjectives are called **ein**-words because they have the
     same endings as _____ and _____.   —**ein, kein**

114. The possessive adjective has the same gender, number, and case as the
     _____ that follows.   —noun

Supply the cued possessive adjective.

115. (mein) Das ist _____ Mann.   —mein
116. (mein) Das ist _____ Frau.   —meine
117. (mein) Das ist _____ Auto.   —mein

Supply the proper ending, if one is necessary.

   DATIVE
118. Ich gebe es mein ____ Mann.   —-em
119. Ich gebe es mein ____ Frau.   —-er
120. Ich gebe es unser ____ Kind.   —-em

   ACCUSATIVE
121. Ich sehe dein ____ Mann.   —-en
122. Ich sehe dein ____ Frau.   —-e
123. Ich sehe unser ____ Auto.   —no ending

   GENITIVE
124. Wo ist das Foto Ihr ____ Mannes?   —-es
125. Wo ist das Foto Ihr ____ Frau?   —-er
126. Wo ist das Foto eur ____ Kindes?   —-es

   NOMINATIVE
127. Hier kommt Ihr ____ Mann.   —no ending
128. Hier kommt Ihr ____ Frau.   —-e
129. Hier kommt Ihr ____ Kind.   —no ending

130. The gender and case of the possessive adjective are determined by the
     _____ it modifies, but the choice of **sein** (*masculine*) or **ihr** (*feminine*)
     is determined by the _____.   —noun, possessor

*Supply the appropriate form of **sein** or **ihr**.*

131. Herr Stern und _____ Sohn sind hier.   —sein
132. Herr Stern und _____ Tochter sind hier.   —seine
133. Frau Stern und _____ Sohn sind hier.   —ihr
134. Frau Stern und _____ Tochter helfen uns.   —ihre
135. Erika und _____ Bruder helfen uns.   —ihr
136. Fritz und _____ Bruder helfen uns.   —sein
137. Erika und _____ Schwester helfen uns.   —ihre

138. Fritz und _____ Schwester helfen uns.   —seine

139. Tina gab mir _____ Auto.   —ihr

140. Kurt gab mir _____ Auto.   —sein

Complete with the German equivalent of the cue.

141. (my) Geben Sie mir _____ Bleistift, bitte!   —meinen

142. (my) Schreiben Sie gut mit _____ Bleistift?   —meinem

143. (her) Was ist die Nummer von _____ Zimmer?   —ihrem

144. (your) Was schreiben Sie _____ Tochter?   —Ihrer

145. (your) Siehst du oft _____ Bruder?   —deinen

146. (your, formal) Ich kenne _____ Mann sehr gut.   —Ihren

147. (our) Sehen Sie _____ Tisch?   —uns(e)ren

148. (your, formal) Was ist die Adresse _____ Arztes?   —Ihres

Replace the possessive adjective (ein-word) or kein with the indefinite article and vice versa. Note the similar ending.

149. Das ist das Auto von meinem Studenten.

Das ist das Auto von _____ Studenten.   —einem

150. Hier ist die Adresse einer Apotheke.

(our) Hier ist die Adresse _____ Apotheke.   —uns(e)rer

151. Ich sehe keinen Kugelschreiber hier.

(her) Ich sehe _____ Kugelschreiber hier.   —ihren

Translate.

152. *I know him.* _____   —Ich kenne ihn.

153. *I can do it.* _____   —Ich kann es tun.

154. *We know it.* _____   —Wir wissen es.

155. *We know her.* _____   —Wir kennen sie.

156. *We can see it.* _____   —Wir können es sehen

157. *I know German.* _____   —Ich kann Deutsch.

Integrieren Sie den neuen Wortschatz

A. *Was machen berühmte Leute?*

1. Sie _____ _____ (*write books*)

2. Sie _____ _____ (*compose music*)

3. Sie _____ _____ (*discover rays*)

4. Sie _____ _____ (*create theories*)

5. Sie _____ _____ (*fly to the moon*)

B. *Finden Sie ein passendes Verb.*

Beispiel: Die Mauer
        Man kann eine Mauer bauen.
        Eine Mauer kann fallen.

komponieren • führen • entdecken • schreiben • geben • machen

    Man kann einen/eine/ein...

1. Nobelpreis _____

2. Krieg _____

3. Roman _____

4. Theorie _____

5. Symphonie _____

6. einen Spaziergang _____

Hör' zu . . . und antworte! Antwortbogen

Übung A. *Circle R (Richtig) or F (Falsch).*

1. R F   3. R F   5. R F   7. R F   9. R F   11. R F
2. R F   4. R F   6. R F   8. R F   10. R F   12. R F

Übung B. *Circle 1, 2, or 3.*

1. 1 2 3   3. 1 2 3   5. 1 2 3   7. 1 2 3
2. 1 2 3   4. 1 2 3   6. 1 2 3   8. 1 2 3

Übung C. *Circle A, B, or C. More than one answer may be correct.*

1. A B C   3. A B C   5. A B C   7. A B C   9. A B C
2. A B C   4. A B C   6. A B C   8. A B C

Übung D. *Circle A, B, or C.*

1. A B C   5. A B C   9. A B C   13. A B C
2. A B C   6. A B C   10. A B C
3. A B C   7. A B C   11. A B C
4. A B C   8. A B C   12. A B C

Das Jahr der Deutschen

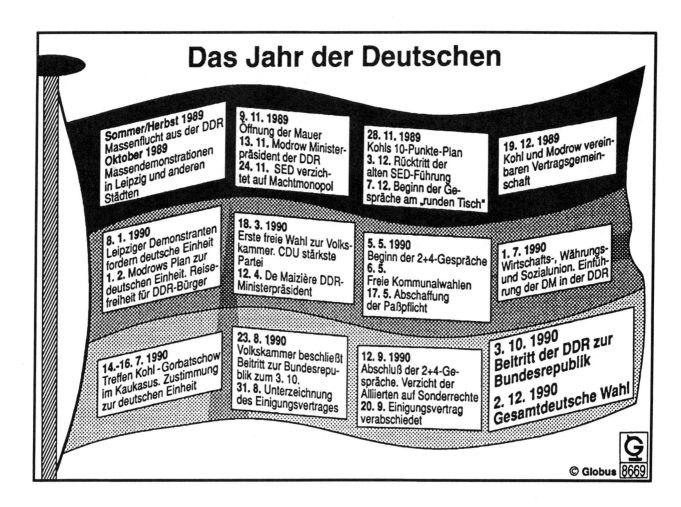

Sommer/Herbst 1989
Massenflucht aus der DDR
Oktober 1989
Massendemonstrationen
in Leipzig und anderen
Städten

9. 11. 1989
Öffnung der Mauer
13. 11. Modrow Ministerpräsident der DDR
24. 11. SED verzich-
tet auf Machtmonopol

28. 11. 1989
Kohls 10-Punkte-Plan
3. 12. Rücktritt der
alten SED-Führung
7. 12. Beginn der Ge-
spräche am „runden Tisch"

19. 12. 1989
Kohl und Modrow verein-
baren Vertragsgemein-
schaft

8. 1. 1990
Leipziger Demonstranten
fordern deutsche Einheit
1. 2. Modrows Plan zur
deutschen Einheit. Reise-
freiheit für DDR-Bürger

18. 3. 1990
Erste freie Wahl zur Volks-
kammer. CDU stärkste
Partei
12. 4. De Maizière DDR-
Ministerpräsident

5. 5. 1990
Beginn der 2+4-Gespräche
6. 5.
Freie Kommunalwahlen
17. 5. Abschaffung
der Paßpflicht

1. 7. 1990
Wirtschafts-, Währungs-
und Sozialunion. Einfüh-
rung der DM in der DDR

14.-16. 7. 1990
Treffen Kohl - Gorbatschow
im Kaukasus. Zustimmung
zur deutschen Einheit

23. 8. 1990
Volkskammer beschließt
Beitritt zur Bundesrepu-
blik zum 3. 10.
31. 8. Unterzeichnung
des Einigungsvertrages

12. 9. 1990
Abschluß der 2+4-Ge-
spräche. Verzicht der
Alliierten auf Sonderrechte
20. 9. Einigungsvertrag
verabschiedet

3. 10. 1990
Beitritt der DDR zur
Bundesrepublik
2. 12. 1990
Gesamtdeutsche Wahl

© Globus 8669

Probetest

A. *Was machten diese Leute? (a) Fragen Sie Ihren Partner oder Ihre Partnerin. (b) Ihr Partner oder Ihre Partnerin antwortet.*

    1. Ludwig van Beethoven

      a) _____

      b) _____

    2. Albert Einstein

      a) _____

      b) _____

B. *Was machten Sie (nicht) gern, als Sie ein Kind waren? Schreiben Sie zwei Sätze.*

    1. _____

    2. _____

C. *Was geschah während der „Wende" in Deutschland? Schreiben Sie drei Sätze.*

    1. _____

    2. _____

    3. _____

D. *Translate the underlined expressions.*

    1. <u>Als Ungarn</u> 1989 seine Grenzen <u>öffnete, gab es</u> ein Loch im „Eisernen Vorhang".

    _____

2. <u>Als ich das hörte, glaubte ich</u> es nicht.

_____

3. <u>1990 wurde Deutschland wieder e i n Land.</u>

_____

4. <u>Kurze Zeit später begann</u> die „Wende".

_____

5. <u>Wem gelang</u> die Flucht nach dem Westen?

_____

E. _Complete._

1. The characteristic signal for the past tense of weak verbs is _____.

2. The _____- and _____-forms of strong verbs never have

   an ending in the past tense.

3. Some modals have a vowel change in the past tense. An example is the infinitive

   _____, which becomes ich _____ in the past.

4. Verbs with separable prefixes follow the same pattern of word order in the past tense as in the

   _____ tense.

F. _Complete the German equivalent._

1. _I had time._ Ich _____ Zeit.

2. _Bernhard, were you at home?_ Bernhard, _____ du zu Hause?

3. _He got rich quickly._ Er _____ schnell reich.

4. _She ran home._ Sie _____ nach Hause.

5. _Did you know that?_ _____ Sie das?

6. _He opened the door._ Er _____ die Tür.

7. _We worked a lot._ Wir _____ viel.

8. *He stood here.* Er _____ hier.

9. *They went away.* Sie _____ fort.

10. *Did he come along?* _____ er _____?

11. *We spoke about him.* Wir _____ über ihn.

12. *I thought so, too.* Ich _____ auch so.

13. *I had to do it.* Ich _____ es tun.

14. *When did you want to leave?* Wann _____ du abfahren?

15. *He discovered it.* Er _____ es.

16. *She received the Nobel Prize.* Sie _____ den Nobelpreis.

G. *Complete with the cued sentence.*

1. (Die DDR Regierung trat 1989 zurück) Ich weiß, daß

_____.

2. (Die DDR Regierung wollte nicht zurücktreten.) Warum

_____?

3. (Die DDR Regierung wollte nicht zurücktreten.) Ich weiß, daß

_____.

4. (Die DDR Regierung mußte zurücktreten.) Die Zeitung schrieb, daß

_____.

H. *Arrange the cued words in their proper order. Write your sentences in (a) the present tense, and then (b) the past tense.*

(sparen/wir/können/kein Geld)

1. a) _____

   b) _____

2. a) Ich weiß, daß _____.

   b) Ich weiß, daß _____.

I. Some of the verbs that can take an infinitive, besides the modals, are:

_____, _____, _____ .

J. Translate.

1. Wollte er diese Strahlen finden?

_____

2. Nach der „Wende" konnten die Ostdeutschen tun, was sie immer wollten: nach dem Westen reisen.

_____

K. Complete with the German equivalent of the cued word.

1. (my) Wo ist _____ Taxi?

2. (her) Ich brauche _____ Adresse.

3. (your, familiar) Ich spreche mit _____ Freund.

4. (your, formal) Er spricht mit _____ Freundin.

5. (our) Nach _____ Ferien war das Wetter wieder schön.

6. (her) Was ist die Adresse _____ Ärztin?

7. (his) Er kommt mit _____ Sohn.

8. (her) Sie kommt mit _____ Bruder.

9. (her) Er kommt mit _____ Schwester.

10. (your) Wer ist _____ Lehrer, Karl?

11. (your) Was schreiben Sie _____ Bruder, Herr Schwarz?

12. (his) Er wohnt bei _____ Eltern.

13. (our) Das Geld ist für _____ Sohn.

L. Translate.

1. We know her. _____

2. We knew it. _____

3. I know German. _____

M. *Complete correctly.*

1. Von 1949 bis 1990 _____ (flüchteten/verhinderten/gab es) zwei deutsche Staaten.

2. In Berlin _____ (verlor/baute/brachte) man eine _____ (Flucht/Mauer).

3. Die Mauer _____ (trennte/brachte/protestierte) Deutsche von Deutschen.

4. Am 9. November 1989 _____ (begann/verlor/fiel) die Berliner Mauer.

Kapitel **9**

Selbsttest

▶ Dialog

Translate the underlined expressions.

1. <u>Aber jetzt geht's mir wieder gut.</u>

2. <u>Da irrst du dich.</u>

3. Tennis <u>kann ich mir nicht leisten.</u>

4. <u>Damit habe ich</u> vor ein paar Jahren <u>angefangen.</u>

5. <u>Er ist seit zwei Wochen hier.</u>

—But now I am fine again

—There you are wrong

—I can't afford (for myself)

—I began with it

—He's been here for two weeks

A. ▶ Reflexive pronouns

6. In a reflexive sentence, the subject and the _____ are the same.

7. What is the subject? *Eva combs her hair.* Eva kämmt sich. _____

8. What is the object of the preceding sentence? _____

9. Except for **sich**, the forms of the reflexive pronouns in the dative and the accusative are the same as those for the _____ pronoun.

10. **Sich** is used with _____ (er/du), _____ (sie *she*/ich), _____ (Sie *you*/ihr *you*), and _____ (sie *they*/wir).

11. The difference between the accusative and the dative _____ (is/is not) apparent in all forms of the reflexive pronoun.

12. The forms of the reflexive pronoun are different in the accusative and the dative only in the _____- and _____-forms.

13. The dative reflexive is generally used when there is an additional _____ (direct/indirect) object, or when the verb requires a _____ (dative/accusative) object.

—object

—Eva

—sich

—personal

—er, sie, Sie, sie

—is not

—ich, du

—direct, dative

Give the dative and the accusative objects.

14. Ich wasche mir die Hände. accusative _____, dative _____

15. A reflexive verb is a verb whose subject and object _____ (do/do not) refer to the same person or thing.

—die Hände, mir

—do

B. ▶ Reflexive verbs

16. A verb may change its _____ when used reflexively.　　—meaning
17. Some verbs must _____ be used with the reflexive pronoun.　　—always

Supply the appropriate accusative or dative reflexive pronoun.

18. Er kauft _____ ein Auto.　　—sich
19. Ich irre _____ nie.　　—mich
20. Er rasiert _____.　　—sich
21. Wofür interessierst du _____?　　—dich
22. Kämm _____ doch das Haar!　　—dir
23. Wir treffen _____ um fünf Uhr.　　—uns
24. Ich kann _____ das nicht leisten.　　—mir
25. Fühlt ihr _____ nicht wohl?　　—euch
26. Fühlst du _____ nicht wohl?　　—dich
27. Beeilen Sie _____!　　—sich
28. Hier hat _____ nicht viel geändert.　　—sich
29. Wann hast du _____ erkältet?　　—dich

Complete the translation.

30. Ich erinnere mich an ihn. *I* _____.　　—*remember him*
31. Ich erinnere Sie daran. *I* _____.　　—*remind you of it*
32. Wann ziehst du um? *When* _____?　　—*are you moving*
33. Warum ziehst du dich um? *Why* _____?　　—*are you changing (clothes)*

Complete with the new subject.

34. Wascht euch! (du) Wasch _____!   —dich
35. Ich muß mich beeilen. Wir _____.   —müssen uns beeilen
36. Er duscht sich. Ich _____.   —dusche mich
37. Zieht sie sich an? (ihr) _____?   —Zieht ihr euch an?

C. ▶ da-compounds

38. The da-compound is a combination of da and a _____.   —preposition
39. Equivalents of German da-compounds also occur in English, but mostly in _____ language.   —legal
40. The German equivalent of *therein* is _____; for *thereto* it is _____.   **—darin, dazu**
41. A linking -r is inserted between da and the preposition when the latter begins with a _____.   —vowel
42. The da-compounds are _____ (never/sometimes) used to refer to human beings.   —never
43. They are used to refer to an _____ thing or a _____.   —inanimate, concept

Complete with a da-compound or a preposition plus a personal pronoun, whichever is appropriate.

44. Sprecht ihr über die Röntgen-strahlen? Ja, wir sprechen _____.   —darüber
45. Sprecht ihr über Professor Röntgen? Ja, wir sprechen _____.   —über ihn
46. Wer erzählte von der „Wende"? Sein Vater erzählte ihm _____.   —davon
47. Hörte er die Geschichte von seinem Vater? Ja, er hörte sie _____.   —von ihm
48. Was wollte Röntgen mit seinen Röntgenstrahlen machen? Er wollte _____ den Menschen helfen.   —damit
49. Half ihm seine Frau bei der Arbeit? Ja, sie half ihm _____.   —dabei
50. Sie blieb immer bei ihrem Mann. Sie blieb immer _____.   —bei ihm
51. Mit dem Roman *Die Waffen nieder* protestierte Bertha von Suttner gegen den Krieg. _____ wurde sie berühmt.   —Damit
52. Aber viele Leute waren gegen ihre Ideen. Viele Leute waren _____.   —dagegen
53. Viele Deutsche waren gegen Hitler. Viele Deutschen waren _____.   —gegen ihn
54. When damit is used as a subordinating conjunction, it corresponds to English _____, and not to _____.   —so that, therewith (with it)

Complete with the English equivalent of the underlined words.

55. Er spielt oft <u>damit</u>. *He often plays* _____.   —with it
56. <u>Damit Sie es wissen!</u> Sie haben sich geirrt! _____ *You were wrong!*   —So that you know it!
57. Ich rauche nicht, <u>damit ich gesund bleibe</u>. *I don't smoke* _____.   —so that I remain healthy

D. ▶ wo-compounds

58. The wo-compound is only used when referring to things or ideas in
_____.   —questions

59. It is never used to refer to _____ _____.   —human beings

60. For persons, a preposition plus wer, _____, _____, or _____
is used, depending on the case.   —wen, wem, wessen

*Complete with the appropriate wo-compound or preposition plus the personal
question word, whichever is appropriate.*

61. (aus der DDR) _____ flüchteten viele Ostdeutsche?   —Woraus

62. (vor der Polizei) _____ flüchteten viele Ostdeutsche?   —Vor wem

63. (ein Ostdeutscher erzählte von der Mauer) _____ erzählte er?   —Wovon

64. (die Leute diskutierten über seine Theorie) _____ diskutierten die
Leute?   —Worüber

65. (mit seiner Frau) _____ arbeitete er?   —Mit wem

66. (auf der Mauer) _____ konnte man Ost- und Westdeutsche sehen?   —Worauf

67. (auf seine Frau) _____ wartet er?   —Auf wen

68. Da-compounds are also used to refer to an idea that _____ (has
already been/will be/has already been or will be) expressed.   —has already been or will
be

69. These are known as _____ and _____ da-compounds.   —anticipatory, retrospec-
tive

Give the English equivalents.

70. Woran denken Sie? _____   —*What are you thinking
about?*

71. Worauf warten Sie? _____   —*What are you waiting
for?*

72. Wozu brauchst du das? _____   —*What do you need this
for?*

73. Wovon sprechen Sie? _____   —*What are you talking
about?*

E. ▶ Definite and indefinite time

74. Definite time is expressed by the _____ case.   —accusative

75. Indefinite time is expressed by the _____ case.   —genitive

Supply the German equivalent.

76. *Some day I'll visit you.* _____ besuche ich dich.   —Eines Tages

77. *I see her every day.* Ich sehe sie _____.   —jeden Tag

78. *They go to Europe every year.* Sie fahren _____
nach Europa.   —jedes Jahr

79. *I usually jog in the morning.* Ich laufe gewöhnlich
_____.   —morgens

80. *We are coming on Tuesday.* Wir kommen _____.   —am Dienstag

81. *He was here a week ago.* Er war _____ hier.   —vor einer Woche

82. *He sleeps late in the morning.* Er schläft _____
spät.   —morgens

83. *She gets up early tomorrow morning.* Sie steht
_____ auf.   —morgen früh

84. *Tomorrow I'll go home.* _____ gehe ich nach Haus.   —Morgen

F. ▶ Preposition **seit**: past time continued into the present

85. Seit is used to express an action that began in the _____ but is still
going on in the _____.   —past, present

Translate.

86. Er ist seit sechs Jahren verheiratet._____   —*He has been married for*
                                                                          six years.

87. Seit gestern ist das Wetter wieder schön._____   —*Since yesterday the*
                                                                          weather has been nice
                                                                          again

88. Instead of **seit**, the adverb _____ followed by an expression of time
in the accusative, may be used.   —schon

Complete, using **schon** *to express the same idea.*

89. Ich warte seit zehn Minuten auf dich! Ich warte
_____!   —schon zehn Minuten
                                                                          auf dich

Integrieren Sie den neuen Wortschatz

A. *Tennis für alle! Was braucht man zum Tennisspielen?*

Man braucht _____ (*a tennis court*), _____ (*a tennis*

racquet) und _____ (*tennis balls*).

Und nach dem Tennisspielen _____ _____

_____ (*I take a shower*), _____ _____

_____ (*I relax*) und _____ _____

_____ (*I feel well*). Und abends _____

_____ _____ (*I sleep well*).

B. *Welches Verbs gehört dazu?*

Beispiel: eine Rolle _____.
eine Rolle spielen (*to play a role*)

1. Sport _____ (*to engage in sports*)

2. Spaß _____ (*to have fun*)

3. Geld _____ (*to give money*)

4. eine Erkältung _____ (*to get a cold*)

5. durch den Wald _____ (*to go through the woods*)

6. ein großes Geschäft _____ (*to become a big business*)

Hör' zu . . . und antworte! Antwortbogen

Übung A. *Circle A, B, or C. Sometimes more than one answer is correct.*

    1. A B C   4. A B C   7. A B C   10. A B C
    2. A B C   5. A B C   8. A B C   11. A B C
    3. A B C   6. A B C   9. A B C

Übung B. *Circle A, B, or C. Sometimes more than one answer is correct.*

    1. A B C   4. A B C   7. A B C   10. A B C
    2. A B C   5. A B C   8. A B C   11. A B C
    3. A B C   6. A B C   9. A B C

Übung C. *Circle A, or B.*

    1. A B   3. A B   5. A B
    2. A B   4. A B   6. A B

Übung D. *Circle A, B, or C.*

    1. A B C   4. A B C   7. A B C   10. A B C
    2. A B C   5. A B C   8. A B C
    3. A B C   6. A B C   9. A B C

Probetest

A. *Sie möchten heute Tennis spielen. Was brauchen Sie dafür? Was müssen Sie kaufen, tun, zahlen usw.*

    1. _____

    2. _____

B. *Fitness ist wichtig. Warum? Schreiben Sie zwei Sätze.*

    1. _____

    2. _____

C. *Sie sprechen mit einem anderen Studenten über Hobbies. Schreiben Sie (a) eine Frage und (b) eine Antwort.*

    1. a) _____

       b) _____

    2. a) _____

       b) _____

D. *Welchen Sport betreibst du?*

    1. Ich _____

    2. Ich _____

E. *Wie bleibst du fit? (Zwei Sätze.)*

    1. _____

    2. _____

F. Worauf freuen sich Studenten? *(Zwei Sätze.)*

    1. _____

    2. _____

G. Wie entspannst du dich in der Freizeit?

    1. _____

    2. _____

H. Welchen Sport betreibt er/sie?

    1. _____

    2. _____

    3. _____

    4. _____

I. Translate the underlined expressions.

    1. <u>Darüber hat man</u> in Europa und Amerika <u>verschiedene</u>

    <u>Meinungen.</u> _____

2. <u>Daher</u> gehört der Sport zum Lehrplan. _____

3. <u>Worüber sprechen sie?</u> _____

4. Wir kennen ihn schon <u>seit vielen Jahren.</u> _____

5. <u>Ist dieser Sportler dafür qualifiziert?</u> _____

6. <u>Eines Tages</u> wird sie Professorin sein. _____

7. <u>Wofür interessieren Sie sich?</u> _____

J.   1. Da-compounds are never used with _____.

      2. Wo-compounds are used in _____.

K. *Supply the appropriate* **da**-*compound,* **wo**-*compound, or preposition plus a personal pronoun.*

    1. Eine Freundin brachte Elke zum Arzt. Eine Freundin brachte Elke _____.

    2. Studenten sprechen oft über die Rolle des Sports. _____ sprechen sie oft?

    3. An der Rolle des Sports hat sich viel geändert. _____ hat sich viel geändert.

    4. Interessierst du dich für Sport? _____ interessierst du dich?

    5. Spielst du heute mit Uwe Fußball? Spielst du heute Fußball _____?

L. *Supply the appropriate reflexive pronoun.*

    1. Barbara kauft _____ ein neues Kleid.

    2. Tennis ist teuer. Ich kann es _____ nicht leisten.

    3. Wir freuen _____ auf die Ferien.

    4. Fühlen Sie _____ heute nicht wohl?

    5. Erkälte _____ nicht!

    6. Seit wann interessierst du _____ dafür?

    7. Kauf _____ ein neues Auto!

    8. Ich glaube, sie irrt _____.

9. Kämm _____ das Haar!

10. Zieht _____ eure Regenmäntel an!

M. *Give the English Equivalent.*

1. Ich erinnere mich nicht an sie. _____

2. Er erinnert sie an das Geld. _____

3. Morgen ziehe ich um. _____

4. Abends ziehe ich mich um. _____

N. *Answer either affirmatively or negatively with a* **da**-*compound.*

1. Freuen Sie sich auf die nächste Deutschprüfung?

_____

2. Freut ihr euch auf die Sommerferien?

_____

3. Freut sich Inge auf den Besuch von Robert?

_____

O. 1. The genitive expresses _____ time.

2. The accusative expresses _____ time.

P. *Complete with the German equivalent of the cued word.*

1. (*a single day*) Wir waren nur _____ Tag in Berchtesgaden.

2. (*one day*) _____ war Lassie wieder da.

3. (*evenings*) _____ schlafe ich gern.

4. (*this year*) _____ bleiben wir zu Hause.

Q. *Translate.*

1. *How long have you known him?* _____

2. *I have been living here since June.* _____

R. *Answer in German.*

   1. Warum betreiben Studenten an deutschen Universitäten Sport?

   _____

   2. Was ist Ihre Meinung über das „Sportgeschäft"?

   _____

   3. Worüber diskutieren Amerikaner besonders gern?

   _____

S. *Complete with the appropriate German word. (Based on the Lesestück.)*

   1. An _____ Universität soll ich studieren?

   2. In Deutschland bringt der Sport der Universität _____ den Studenten Geld.

   3. An amerikanischen Universitäten ist der Sport zum großen Geschäft _____.

T. *Complete with an appropriate expression from the list below.*

Schläger • Handschuhe • Eis • Lufttank • Schnee • Wasser • Segel • Straße • viel Benzin •

Ball • Tisch • Florett (*fencing foil*) • Fahrrad • Schuhe • Mut • Bälle • elf Leute

   1. Zum Schifahren braucht man _____ .

   2. Zum Schwimmen braucht man _____ .

   3. Zum Bergsteigen braucht man _____ .

   4. Zum Golfspielen braucht man _____ .

   5. Zum Boxen braucht man _____ .

   6. Zum Tennisspielen braucht man einen _____ .

   7. Zum Tauchen braucht man einen _____ .

   8. Zum Pingpongspielen braucht man einen _____ .

   9. Zum Radrennen braucht man ein _____ .

   10. Zum Surfen braucht man _____ .

11. Zum Windsurfen braucht man _____.

12. Zum Fechten braucht man einen _____.

13. Zum Volleyballspielen braucht man einen _____.

14. Zum Fußballspielen braucht man _____.

15. Zum Eishockey braucht man _____.

16. Zum Autorennen braucht man _____.

17. Zum Rollbrettfahren braucht man eine _____.

U. *Answer the questions below with your personal opinion.*

1. Wie entscheiden Sie sich für eine Universität?

   Ich wähle diese Universität, weil_____

   _____.

2. Welcher Sport gefällt Ihnen besonders?

   Ich liebe besonders _____.

3. Sind Sie für oder gegen das „Sportgeschäft" der amerikanischen Universitäten?

   Ich bin _____.

4. Welchen Sport haben Sie nicht gern? Warum?

   Ich habe _____ nicht gern, weil_____

   _____

   _____.

Wiederholung

Grammatik—wiederholt

This chapter is a selective review of Chapters 1-9. In this chapter, you will review basic grammar rules, test your ability to apply those rules of grammar correctly, and make use of the vocabulary you learned in the first nine chapters. Answers to the section called *Grammatik—wiederholt* are at the end of this workbook.

1 ▶ Review of the four cases (Chapters 1, 2, 4, 5, 6, 7, 9)

The <u>nominative case</u> (Chapter 1) is used for the subject of a sentence and for predicate nouns.

Du bist **mein Freund.**

The <u>accusative case</u> (Chapters 2, 4, 5) is used for direct objects. The accusative always follows the prepositions **durch, für, gegen, ohne,** and **um.** It also follows the "two-way" prepositions **an, auf, hinter, in, unter, über, vor, neben,** and **zwischen** if they indicate a change of place or change of direction. The accusative is also used to express definite time. The expresssion **es gibt** (*there is, there are*) is followed by the accusative.

Ich rufe **meinen Freund.** (*direct object*)

Wir kaufen **das Geschenk** für **meine Mutter.** (*direct object/object of the preposition* **für**)

Die Studenten gehen auf **den Tennisplatz.** (*object of a two-way preposition to indicate change of place*)

Hier regnet es **jeden Tag.** (*definite time*)

Es gibt hier **keinen Kaffee.** (*following* **es gibt**)

The <u>dative case</u> (Chapter 5) is used for indirect objects. It also always follows the prepositions **aus, außer, bei, mit, nach, seit, von,** and **zu.** It also follows the "two-way" prepositions, listed above, if they indicate position without change of place or direction. Certain verbs require the dative case. The most important ones are **antworten, danken, gefallen, gehören, glauben, helfen, leid tun,** and **scheinen.**

Ich schreibe **meinem Freund** einen Brief. (*indirect object*)

Sie fliegt mit **ihrer Schwester** nach New York. (*object of the dative preposition* **mit**)

Die Studenten sind auf **dem Tennisplatz.** (*object of a two-way preposition to indicate position without change of place*)

Helfen Sie **mir** bitte! (*object of a verb governed by the dative*)

The <u>genitive case</u> (Chapters 6, 7, 9) indicates possession. The genitive is required after the prepositions **anstatt, statt, trotz, während,** and **wegen.**

Das Auto **meines Vaters** ist kaputt. (*indicating possession*)

Während der Deutschstunde schläft er immer. (*object of the genitive preposition* **während**)

Eines Tages kam er aus Rußland zurück. (*indefinite time*)

A. Eberhardt schreibt einen Brief. *Ergänzen Sie den Brief an die Eltern.*

Liebe Eltern,

Schon auf dem Frankfurter Flughafen lernte ich _____ _____ (ein Student)

kennen, der jetzt _____ _____ (mein Freund) ist. Er ist der Sohn _____

_____ (ein Professor) an der Johann-Wolfgang Goethe Universität. Jochen und

ich setzten uns im Flugzeug nebeneinander. Er erzählte _____ (ich) von seinen

Plänen in den USA, und ich erzählte _____ (er) von meinen. So ein Glück! Er

will auch an der University of California in Los Angeles studieren. Er wohnt da bei

einer Freundin _____ _____ (seine Mutter). Er hat auch _____ _____

(ein Onkel) in Los Angeles und will _____ (er) fragen, ob ich vielleicht bei ihm

wohnen kann. Er wohnt in der Nähe _____ _____ (die Universität). Dann

brauche ich _____ _____ (kein Auto) und spare viel Geld.

Wir kommen bald in Los Angeles an. Ich lege _____ _____ (ein Brief) bei

(*enclose*). Bitte schickt _____ _____ (meine Freundin) Gisela.

Viele herzliche Grüße an alle

von Eurem Eberhardt

B. Präpositionen. *Dativ, Akkusativ oder Genitiv? Ergänzen Sie die Sätze.*

1. Die Kinder gehen durch _____ _____. (der Wald)

2. Wegen _____ _____ bleiben wir zu Hause. (das Wetter)

3. Bitte geh nicht ohne _____ zur Party. (ich)

4. Ich kaufe die Postkarten für _____ _____. (mein Vater)

5. Trotz _____ _____ und_____ _____ fuhren die Jungen sehr schnell. (der Regen/die

Gefahr)

6. Wir werden mit _____ _____ nicht fertig. (das Problem)

7. Außer _____ _____ wollte niemand mitgehen. (meine Freundin)

8. Nach _____ _____ trinken wir ein Bier. (die Deutschstunde)

9. Seit_____ _____ spielen sie Tennis. (eine Stunde)

10. Das Auto fuhr gegen _____ _____. (der Baum)

11. Wohnst du noch bei _____ _____? (deine Eltern)

12. Er erzählte von _____ _____. (seine Vorlesungen)

13. Während _____ _____ hat der Professor keine Sprechstunden. (die Ferien)

14. Die Kinder tanzen um _____ _____ (der Baum).

C. **Dativ oder Akkusativ?** *Ergänzen Sie die Sätze.*

1. Wir arbeiten heute in _____ _____. (die Bibliothek)

2. Gehen Sie in _____ _____? (der Wald)

3. Was steht heute in _____ _____? (die Zeitung)

4. Wir sind während des Sommers in _____ _____. (die Berge)

5. Du kannst hinter _____ _____ parken. (das Haus)

6. Leg das Trinkgeld unter_____ _____ ! (der Teller, *plate*)

7. Die Lehrerin schickt ihn in _____ _____. (die Bibliothek)

8. Das Bild liegt zwischen _____ _____. (die Bücher)

9. Ich studiere auf _____ _____. (die Universität)

10. Gehen Sie bitte an _____ _____! (die Tafel)

11. Setzen Sie sich bitte auf _____ _____ dort! (der Stuhl)

12. Meinen Sie den Stuhl neben _____ _____? (die Tür)

2 ▶ Review of the present, the present perfect, and the past tenses (Chapters 1, 2, 3, 7, 8)

The present tense (Chapter 1), used also to express certain future actions and conditions, adds the endings -e (ich), -st (du) -t (er/sie/es), -en (wir, sie Sie), and -t (ihr) to the infinitive stem of the verb: ich nehm-e, er sag-t, wir leb-en, ihr geh-t

Some verbs have a change in the stem vowel (Chapter 2) in the second and third person singular: e—i (ie), a—ä: ich spreche, er spricht; ich lese, du liest; ich fahre, er fährt

The verbs haben and sein (Chapter 1) and wissen (Chapter 3) are irregular.

	haben	sein	wissen
ich	habe	bin	weiß
du	hast	bist	weißt
er/sie/es	hat	ist	weiß
wir	haben	sind	wissen
ihr	habt	seid	wißt
Sie, sie	haben	sind	wissen

The <u>present perfect tense</u> (Chapter 7), or conversational past, is formed by the present tense of haben or sein plus the past participle of the verb. The past participle of weak verbs is formed by the prefix ge- plus the stem of the infinitive plus -t, e.g., ge-sag-t. Strong verbs have usually a vowel change in the participle and always end in -en, e.g., genommen. Mixed verbs have a vowel change, like strong verbs, but add the weak ending -t, e.g., kennen—gekannt, wissen—gewußt, denken—gedacht. Participles of verbs ending in -ieren do not have a ge- prefix. They are identical with the form of the present tense third-person singular: er studiert; er hat studiert.

The <u>past tense</u> (Chapter 8), mostly used in writing about past events, is formed by adding to the stem of weak verbs -te, -test, -te, -ten, -tet, -ten. Strong verbs undergo a vowel change, do not take an ending in the first and third person singular, and have an -en or -t ending in the plural. Mixed verbs have a vowel change plus the ending of weak verbs. The b in the stem of haben turns into a t in all past tense forms The verb sein is irregular.

	sagen	fahren	wissen	sein	haben
ich	sagte	fuhr	wußte	war	hatte
du	sagtest	fuhrst	wußtest	warst	hattest
er/sie/es	sagte	fuhr	wußte	war	hatte
wir	sagten	fuhren	wußten	waren	hatten
ihr	sagtet	fuhrt	wußtet	wart	hattet
Sie, sie	sagten	fuhren	wußten	waren	hatten

D. Präsens (present tense). *Wiederholen Sie die Sätze im Präsens (Kapitel 1 und 2).*

1. Was hast du in diesem Geschäft gekauft?

   _____

2. Sie machte ihre Hausaufgabe.

   _____

3. Die Studenten warteten auf den Professor.

_____

4. Sie zeigte ihrer Kundin viele Postkarten.

_____

5. Was hat dein Mann studiert?

_____

6. Wohin seid ihr gereist?

_____

7. Wer rauchte im Restaurant?

_____

8. Sie lud mich nicht zum Geburtstag ein.

_____

9. Was hielt das Kind in der Hand?

_____

10. Was war dein Hauptfach?

_____

11. Warum sind sie schon abgefahren?

_____

12. Mein Vater arbeitete immer lange.

_____

E. **Perfekt** (present perfect) **und Imperfekt** (narrative past). *Schreiben Sie die Sätze (a) im Perfekt (Kapitel 7) und (b) im Imperfekt (Kapitel 8).*

1. Ich spiele Tennis.

_____

2. Er bezahlt die Rechnung.

_____

3. Wir fahren nach Österreich.

_____

4. Wen liebst du?

_____

5. Ich esse zuviel.

_____

6. Du bringst einen Computer.

_____

7. Wir trinken Bier.

_____

8. Was antwortet er?

_____

9. Meine Mutter wird alt.

_____

10. Das geschieht immer.

_____

11. Meine Freundin heiratet in Heidelberg.

_____

12. Sie sind in der Bibliothek.

_____

13. Ich weiß das!

_____

3 ▶ Review of *der*-words and *ein*-words (Chapters 1, 2, 7)

The **der**-words are declined the same way as the definite article, and the **ein**-words (all possessive adjectives plus **kein**) as the indefinite article (see Declension of Definite and Indefinite Articles, Declension of **der**-words, and Declension of Possessive Adjectives, Reference Grammar of the textbook on pp. A-2–A-4).

F. *Der- und ein-Wörter. Ergänzen Sie die Sätze.*

1. Das ist _____ Meinung! (*my*)

2. Ist das die Freundin _____ Schwester? *(your, fam.)*

3. Der Bahnhof _____ Stadt ist ganz neu. (*our*)

4. _____ Interesse für _____ Hauptach ist nicht groß. (*his; this*)

5. Ihr gefiel der Lebensstil _____ Lehrerin. (*her*)

6. _____ Baum ist schon mehr als hundert Jahre alt? (*which*)

7. Doktor Schmidt ist _____ Arzt. (*my*)

9. Geben Sie _____ Kindern schlechte Noten? (*those*)

10. Die Leute sprechen mit _____ Nachbarn. (*their*)

11. Die Verkäuferin gibt _____ Kunden ein Pfund Butter. (*her*)

12. Mein Vater hat _____ Interesse an moderner Musik. (*no*)

4 ▶ Review of imperative forms (chapter 3)

The German language has three imperative forms: (1) Formal in the singular and plural: The conjugated verb form for **Sie** with inverted word order (**Bezahlen Sie** bitte!); (2) informal singular: The infinitive stem plus an optional -e (**Bezahl** (e) bitte!); and (3) informal plural: The infinitive stem plus -t (**Bezahlt** bitte!). Verbs with stem-vowel changes reflect that change in the informal singular (**Gib** mir das Buch!). However, verbs that normally have an umlaut vowel-change do not show this change in the imperative (**Fahr(e)!** langsamer, bitte!).

G. **Befehlssätze** (commands). *Bilden Sie neue Befehlssätze (Kapitel 5).*

Beispiel: Fragen Sie ihren Professor! (deine Schwester)
Frag deine Schwester!

1. Geben Sie es Ihrer Tochter! (deiner Familie)

   _____

2. Antworte deiner Mutter! (Ihrem Lehrer)

   _____

3. Heirate nicht deinen Freund! (Ihren Cousin)

   _____

4. Nehmen Sie bitte Ihr Geld zurück! (dein Geld)

_____

5. Warten Sie auf Ihren Vater! (euren Vater)

_____

H. Noch mehr Befehlssätze. *Ergänzen Sie die Befehlssätze mit den Verben in Klammern.*

1. Herr Meier, _____ den Mercedes! (kaufen)

2. Rita, _____ mit mir nach Deutschland! (fliegen)

3. Erika und Rolf, _____ dem alten Mann! (helfen)

4. _____ her, mein Junge! (kommen)

5. Kinder, _____ bitte _____! (zuhören)

6. Meine Damen und Herren, bitte _____ hier nicht! (rauchen)

7. Martin, bitte _____ mir das Buch! (schicken)

8. Frau Zimmermann, _____ die Lufthansa _____, bitte!
   (anrufen)

I. Auf deutsch bitte! Schreiben Sie Sätze in allen drei Befehlsformen.

Beispiel: Wait!
    Warten Sie! Warte! Wartet!

1. Read the book! _____

2. Drive slowly! _____

3. Take it! _____

4. Look! _____

5. Say it again! _____

6. Play tennis with me! _____

7. Don't go! _____

8. Ask him! _____

5 ▶ Review of conjunctions (Chapters 3 and 6)

The German language has five coordinating conjunctions (Chapter 6) that simply link two clauses without affecting word order. These conjunctions are **aber, denn, oder, sondern,** and **und.**

> Ich studiere englische Literatur, **und** ich lerne auch Französisch.
>
> Er kann nicht Tennis spielen, **denn** er hat morgen eine Prüfung.

All other conjunctions subordinate the clause they introduce (Chapter 3). The conjugated verb in a subordinate clause goes to the end of the clause.

> Es tut mir leid, **daß** du so lange krank gewesen bist.
>
> **Als** er mich **sah**, freute er sich.
>
> **Wenn** du früh genug **kommst**, können wir ins Kino gehen.

Question words in indirect questions function like subordinating conjunctions (Chapter 6), with the conjugated verb at the end of the clause.

> Ich habe ihn gefragt, **wo** er **wohnt.**
>
> Wir wissen nicht, **wann** unsere Freunde **ankommen.**

J. **Konjunktionen.** *Verbinden Sie die Sätze mit den Konjunktionen in Klammern.*

1. Ich besuchte die Universität in Heidelberg. Ich war in Deutschland. (als)

   _____

2. Wir möchten jetzt erst essen. Dann möchten wir ins Theater gehen. (und)

   _____

3. Meine Freundin ist noch sehr jung. Sie will schon heiraten. (aber)

   _____

4. Ich studierte Deutsch. Mein Hauptfach war Mathematik. (obwohl)

   _____

5. Wir gehen schwimmen. Das Wetter ist schön. (wenn)

   _____

6. Ich weiß. Du bist ein sehr guter Schwimmer. (daß)

   _____

7. Er studiert dieses Semester nicht. Er arbeitet in einer Fabrik. (sondern)

   _____

8. Ich arbeitete in der Mensa (*university cafeteria*). Ich brauchte Geld. (weil)

_____

9. Wir können diesen Sommer nach Europa fliegen. Wir können ein Jahr warten. (oder)

_____

10. Ich gehe heute nicht zur Schule. Ich fühle mich nicht wohl. (denn)

_____

11. Gestern half mir meine Freundin Else bei der Arbeit. Wir konnten ins Kino gehen. (damit)

_____

12. Der Film machte Spaß. Er war nicht zu grausam. (solange)

_____

13. Viele Leute lachten. Ich weinte. (während)

_____

6 ▶ Review of modal auxiliaries (Chapter 6)

To review the conjugation of the modal verbs see Conjugation of Modal Auxiliaries, in the Reference Grammar in the textbook (p. A-2).

K. Modalverben. *Folgen Sie dem Beispiel.*

Beispiel: *Er studiert Deutsch. (wollen)*
     Er will Deutsch studieren.

1. Ich spreche mit dir. (wollen)

_____

2. Du gehst ins Kino. (dürfen)

_____

3. Er bezahlt die Rechnung. (müssen)

_____

4. Wir verstehen das nicht. (können)

_____

5. Ich heirate meinen Freund. (möchte)

_____

6. Die Kinder kommen früh nach Hause. (sollen)

_____

7. Die Studenten sparen kein Geld. (können)

_____

8. Der Professor trinkt jetzt Kaffee. (wollen)

_____

9. Ich lese die Zeitung. (sollen)

_____

10. Ich kaufe das Buch nicht. (können)

_____

11. Was ißt du? (möchten)

_____

12. Wann reist er wieder? (dürfen)

_____

L. **Nochmals Modalverben.** *Wiederholen Sie die Sätze von Übung K mit den Modalverben im Imperfekt.*

1. _____

2. _____

3. _____

4. _____

5. _____

6. _____

7. _____

8. _____

9. _____

10. _____

11. _____

12. _____

7 ▶ Review of verbs with separable and inseparable prefixes (Chapters 3, 4, 7, 8)

Many separable prefixes look like familiar prepositions or adverbs. When a prefix of a verb is separable, it carries the stress. The separable prefix of a verb is separated in the present and past tense *in main clauses only*, and in the command form:

Ich **rufe** ihn **an**. Ich **rief** ihn **an**. **Rufen** Sie ihn **an**!

But: Als ich ihn **anrief**...

In past participles of verbs with separable prefixes the ge- goes between the prefix and the rest of the participle: **an**gekommen, **auf**gehört, **ab**gefahren, **mit**gebracht

Der Zug ist noch nicht **an**gekommen.

Inseparable prefixes are never separated from the verb and are never stressed. With few exceptions, the only vowel is an unstressed -e (be-, emp-, ent-, er-, ge-, ver-, zer-). Verbs with inseparable prefixes never take the prefix -ge in the participle, e.g.,ich habe es versucht.

M. Übung macht den Meister. *Folgen Sie dem Beispiel.*

Beispiel: *Ich stehe immer früh auf.*
Ich weiß, daß du immer früh aufstehst.

Beispiel: *Es bedeutet nichts.*
Es ist klar, daß es nichts bedeutet.

1. Kommst du mit?

   Ich frage dich, ob du _____.

2. Er besuchte seine Eltern.

   Ich habe gehört, daß er seine Eltern_____.

3. Du siehst schlimm aus!

   Ich finde, daß du schlimm _____.

4. Sie zog ihren Mantel aus.

   Ich wunderte mich, daß sie ihren Mantel_____.

5. Wieviel Geld verdienen Sie?

Der Chef will wissen, wieviel Geld Sie _____ .

N. **Neue Sätze.** Schreiben Sie die Sätze im Perfekt.

1. Er schaute mich an.

   _____

2. Wir zogen aus dem alten Haus aus.

   _____

3. Sie luden uns ein.

   _____

4. Er beneidete (*envied*) seinen Bruder.

   _____

5. Wir verkauften unser Auto.

   _____

6. Wann kamt ihr an?

   _____

O. **Auf deutsch bitte!**

1. When do you get up?

   _____

2. Did they invite him? (*present perfect*)

   _____

3. They forgot it.

   _____

4. Time is passing fast.

   _____

5. Come along!

_____

6. I know that he called (by phone) yesterday.

_____

Selbsttest

A. ▶ Review of the four cases

Übersetzen Sie die unterstrichenen Wörter.

1. Please give <u>me</u> <u>the book</u>.   —mir das Buch
2. Do you want to meet <u>my friend</u> Herbert?   —meinen Freund
3. This is <u>my professor</u>, Dr. Krüger.   —mein Professor
4. That is <u>his mother's car</u>.   —das Auto seiner Mutter
5. Tell <u>him the story</u>!   —ihm die Geschichte
6. <u>Instead of the professor</u> his assistant came.   —Statt des Professors
7. I live <u>in an apartment</u>.   —in einer Wohnung
8. Go <u>into the apartment</u>.   —in die Wohnung
9. I want to write <u>a letter to my father</u>.   —meinem Vater einen Brief
10. She gave <u>the children</u> chocolate.   —den Kindern
11. I am calling <u>my parents</u>.   —meine Eltern
12. The education <u>of these children</u> was poor.   —dieser Kinder
13. <u>The student's language</u> was Turkish.   —die Sprache des Studenten (der Studentin)
14. Don't drive <u>around the house</u>!   —um das Haus
15. The car is parked <u>behind the house</u>.   —hinter dem Haus
16. <u>During the summer</u> we don't go to school.   —während des Sommers
17. We live <u>in the mountains</u> then.   —in den Bergen
18. Help <u>me</u> please!   —mir
19. He did not answer <u>her</u>.   —ihr
20. <u>Es tut mir leid.</u>   —I am sorry
21. <u>There is no room here!</u>   —Es gibt hier keinen Platz
22. <u>There are no books</u> in the store.   —Es gibt keine Bücher
23. <u>I don't like it.</u>   —Es gefällt mir nicht
24. I will wait <u>at the traffic light</u>.   —an der Ampel
25. <u>Because of the weather</u> we stayed home.   —Wegen des Wetters

B. ► Review of the present tense, present perfect tense, and the past tense of the verb

Rewrite the sentence in the tense indicated in parentheses.

1. Tante Erika ist eine schöne Frau. (present perfect)
   Tante Erika _____ eine schöne Frau _____.

   —ist...gewesen

2. Sie ist viel zu früh gestorben. (past)
   Sie _____ viel zu früh.

   —starb

3. Meine Großmutter hat viel Geld. (past)
   Meine Großmutter _____ viel Geld.

   —hatte

4. Sie gab uns immer etwas Geld für unsere Ferien. (present perfect)
   Sie _____ uns immer etwas Geld für unsere Ferien _____.

   —hat...gegeben

5. Mein Großvater kommt jedes Jahr zu uns. (past)
   Mein Großvater _____ jedes Jahr zu uns.

   —kam

6. Er spielte immer mit uns Fußball. (present perfect)
   Er _____ immer mit uns Fußball _____.

   —hat...gespielt

7. Mein Bruder studiert englische Literatur. (present perfect)
   Mein Bruder _____ englische Literatur _____.

   —hat...studiert

8. Er war auch gut in Physik. (present)
   Er _____ auch gut in Physik.

   —ist

9. Er hat mir immer bei meinen Hausaufgaben geholfen. (present)
   Er _____ mir immer bei meinen Hausaufgaben.

   —hilft

10. Warum war ich nicht immer nett zu ihm? (present)
    Warum _____ ich nicht immer nett zu ihm?

    —bin

11. Meine Freundin Elsbeth schreibt immer lange Briefe an Hellmut. (past)
    Meine Freundin Elsbeth _____ immer lange Briefe an Hellmut.

    —schrieb

12. Sie liebt ihn wohl sehr. (past)
    Sie _____ ihn wohl sehr.

    —liebte

13. Aber sie sagte es ihm nie. (present perfect)
    Aber sie _____ es ihm nie _____.

    —hat...gesagt

14. Ob er es wohl weiß? (present perfect)
    Ob er es wohl _____ _____?

    —gewußt hat

15. Ich kenne ihn gar nicht. (past)
    Ich _____ ihn gar nicht.

    —kannte

Schreiben Sie auf deutsch.

16. I asked my teacher. (present perfect)

    _____

    —Ich fragte meinen
    Lehrer/meine Lehrerin.

17. She read the letter. (past)

    _____

    —Sie las den Brief.

18. They did not know that. (present perfect)

    _____

    —Sie haben das nicht
    gewußt.

19. Will you come tomorrow? (present)

_____

—Kommst du morgen? (or) Kommen Sie morgen?

20. He drives home. (present)

_____

—Er fährt nach Hause.

21. Did you ask her? (present perfect)

_____

—Hast du sie gefragt?

22. I did not believe it. (past)

_____

—Ich glaubte es nicht.

23. Who will show me the way? (present)

_____

—Wer zeigt mir den Weg?

24. They met him here. (past)

_____

—Sie trafen ihn hier.

25. What will you wear tonight?

_____

—Was trägst du heute abend?

C. ▶ Review of verbs with separable and inseparable prefixes

Übersetzen Sie die unterstrichenen Wörter.

1. We <u>started</u> at five o'clock. (past)   —fingen...an
2. <u>Did</u> you <u>receive</u> the letter, Anna? (present perfect)   —Hast...bekommen?
3. When <u>do</u> (will) they <u>arrive</u>?   —kommen...an?
4. She <u>envied</u> her cousin. (past)   —beneidete
5. <u>Did</u> you <u>pay</u>? (present perfect)   —hast...bezahlt
6. <u>Bring it along</u>! (familiar singular)   —Bring es mit!
7. The house <u>burned down</u>. (past)   —verbrannte
8. <u>Did</u> you <u>look at</u> it? (present perfect)   —Hast...angeschaut?
9. When we <u>moved out</u>... (past)   —auszogen
10. I know that his mother <u>came along</u>. (present perfect)   —mitgekommen ist
11. When they <u>called</u>... (past)   —anriefen
12. I don't believe that they <u>listened</u>. (past)   —zuhörten

D. ▶ Modals in the present and past tense

Übersetzen Sie die unterstrichenen Wörter.

1. I <u>cannot</u> come today.   —kann nicht
2. Ernst, we <u>want to</u> visit you.   —wollen
3. Claudia, you (du) <u>are supposed to</u> write.   —sollst

4. They <u>were not able to</u> pay.   —konnten nicht
5. I <u>had to</u> do that.   —mußte
6. She <u>does not like</u> to eat that.   —mag...nicht
7. You (ihr) <u>can go</u> now.   —könnt
8. <u>Durftest du</u> das essen?   —were you allowed to
9. <u>Müssen wir</u> schon gehen?   —Must we
10. Ich <u>konnte</u> sie nicht sehen.   —could

Situationen—was man so fragt und sagt

A. *Schreiben Sie Fragen und Antworten. (A) Wie fragt man...? (b) Wie antwortet man auf eine Frage nach...?*

    1. nach der Uhrzeit

        a) Wieviel Uhr _____

        b) Es ist _____

    2. nach dem heutigen Datum

        a) _____

        b) _____

    3. wenn man einen Bahnhof / eine Haltestelle / den Flughafen sucht

        a) _____

        b) _____

    4. wenn man ein Restaurant sucht

        a) _____

        b) _____

B. *Sie sprechen mit einem Studenten/einer Studentin aus Deutschland. Er/Sie hat viele (a) Fragen und (b) Kommentare (= Antworten). Er/Sie fragt...*

1. was amerikanische Studenten an einem typischen Tag an der Uni oder im College machen

   a) Was machen _____

   b) Bei uns _____

2. wieviel das Studium kostet und wer dafür bezahlt

   a) Wieviel _____

   b) Bei uns _____

3. was Studenten in den Ferien machen

   a) Was _____

   b) Bei uns _____

4. welche Jobs sie finden und wo sie arbeiten

a) _____

b) _____

C. **Schon gemacht.** *Beantworten Sie die Fragen im Perfekt mit* **schon.** *(Use pronouns for underlined nouns.)*

Beispiel: Bringst du Sabine heute das Buch?
Nein, ich habe es ihr schon gebracht.

1. Rufen Sie die Firma morgen an?

Nein, _____

2. Fängt das Semester nächste Woche an?

Nein, _____

3. Ist Elke noch hier?

Nein, aber _____

4. Trinkt ihr noch ein Bier?

Nein, _____

5. Lernt Jens heute Deutsch?

Nein, _____

6. Sprichst du heute mit Katharina?

Nein, _____

7. Verstehen die Leute das Problem?

Nein, _____

8. Weiß der Professor das?

Ja, _____

9. Sehen die Studenten morgen diesen Film?

Nein, _____

10. Gibst du Klaus das Geld?

Nein, _____

11. Lernen Sie die Österreicher heute kennen?

   Nein, _____

12. Erzählst du mir jetzt die Geschichte?

   Nein, _____

D. **Aus dem Tag einer Studentin/eines Studenten.** *Setzen Sie diese Beschreibung ins Imperfekt (narrative past tense).*

   Es ist 6 Uhr 30. Ich stehe auf, dusche mich und trinke meinen Kaffee. Ich lese noch kurz die Zeitung, dann muß ich zur Uni fahren. Ich habe nicht mehr viel Zeit, denn um 8 Uhr beginnt meine erste Vorlesung. Zwanzig Minuten später komme ich dort an und finde noch einen Parkplatz. Nach der Vorlesung gehe ich in die Bibliothek, wo ich drei Stunden bleibe. Nach dem Mittagessen arbeite ich im Labor, wo ich—wie immer—viele Fragen an meinen Professor habe. Danach treffe ich mich mit meiner Freundin Elke in der Mensa. Wir essen dort zusammen. Leider kann ich nicht lange bleiben. Ich muß schnell nach Hause, weil ich noch meine Seminararbeit fertig schreiben will. Zu Hause finde ich viel Post. Meine Eltern wollen wissen, wie es mir geht. Ich weiß, sie machen sich Sorgen. Ich rufe sie sofort an. Dann studiere ich noch zwei Stunden. Um 23 Uhr höre ich die Nachrichten (*news*) im Radio. Dann gehe ich müde ins Bett und schlafe schnell ein.

_____

_____

_____

_____

_____

_____

_____

_____

_____

_____

_____

_____

_____

E. **So? Du fährst nach Österreich?** *Review da-compounds and use them in your answers.*

    Beispiel: Fährst du wirklich im Sommer nach Österreich? (sich freuen auf)
          Ja, ich freue mich schon darauf.

1. Weißt du viel über die Politik in Österreich? (nicht viel verstehen von)

    _____

2. Du, heute abend gibt's ein Video über Österreich. Kommst du? (keine Zeit haben für)

    _____

3. Ich höre, in Salzburg regnet es oft. (nichts ändern können)

    _____

4. Sag, sprechen die Österreicher heute noch über den Anschluß[1] von 1938? (niemand mehr sprechen über)

    _____

5. Aber dein Großvater erzählt oft noch von diesem Ereignis (*event*). (Wie/dein Großvater/denken über?)

    _____

6. Er sagt nur: „Ich hatte..." (nichts zu tun haben mit)

    Er sagt nur: „Ich hatte _____ ."

———— Wetter ————

Frühtemperaturen
-3 bis 0 Grad
Tageshöchstwerte
+ 1 bis +5 Grad

Die Tageshöchsttemperatur in Graz betrug gestern plus 5 Grad, die tiefste 0 Grad, das ist 1 Grad über dem langjährigen Durchschnitt. Luftdruck 1010,3 mbar, fallend.

Wetterprognose für Österreich

Im Alpenraum schwächt sich der Hochdruckeinfluß ab.
FREITAG: Örtlich Frühnebel. Nach dessen Auflösung im Süden meist bedeckt, örtlich auch Schneefall. Sonst durchwegs aufgelockert bewölkt, regional auch länger sonnig.
WETTER ZUM WOCHENENDE: Beginnender Störungseinfluß und von Westen aufkommender Schneefall. Temperatursturz in allen Höhen.

Temperaturen International
(von gestern, 13 Uhr)

Stockholm	0	bewölkt
London	12	heiter
Zürich	0	bedeckt
Paris	7	heiter
Nizza	10	bedeckt
Madrid	6	wolkig
Hamburg	3	bewölkt
München	-1	bedeckt
Prag	2	bedeckt
Budapest	7	wolkig
Belgrad	8	bewölkt
Split	13	bedeckt
Bozen	9	wolkig
Triest	9	bedeckt
Rom	10	bedeckt
Palermo	14	heiter
Athen	20	heiter

[1] The *Anschluß* refers to the 1938 annexation of the First Republic of Austria by Hitler's Germany.

F. **Beantworten Sie die Fragen.** *Welche wo-Verbindung paßt hier?*

1. _____ sprechen Sie oft? (sprechen über)

   Ich spreche oft über _____

2. _____ wartest du? (warten auf)

   Ich warte auf _____

3. _____ hat sie dich gefragt? (fragen nach)

   _____

4. _____ freust du dich? (sich freuen auf)

   _____

5. _____ denkst du oft? (denken an)

   _____

6. _____ haben Sie Angst? (Angst haben vor)

   _____

7. _____ interessiert ihr euch? (sich interessieren für)

   _____

G. *Was machen Sie jeden Morgen? (Zwei Sätze bitte.)*

1. _____

2. _____

H. **Sport.** *Welchen Sport betreiben Sie?*

1. _____

2. _____

Kapitel **10**

Selbsttest

▶ Dialog

Translate the underlined expressions.

1. Ich fürchte, Sie <u>werden</u> sich noch sehr matt <u>fühlen</u>.   —will feel
2. Ich <u>werde</u> meinen Chef <u>fragen</u>.   —will ask
3. Er <u>wird</u> vielleicht die Reise <u>aufschieben können</u>.   —will be able to postpone
4. Ich glaube, daß Sie bald keine Schmerzen mehr <u>haben werden</u>.   —will have
5. <u>Als ich</u> aus dem Geschäft <u>kam</u>, war ich sehr müde.   —When I came
6. Ich hoffe, <u>daß ich morgen nicht mehr husten werde</u>.   —that I will not cough anymore tomorrow

A. ▶ The future tense

7. The future tense is formed by combining the present tense of _____
   with an _____.   —werden, infinitive
8. In a main clause in the future tense, the infinitive goes _____ (to
   the end/before the auxiliary).   —to the end
9. When the future tense is used with a modal, the infinitive of the
   _____ stands at the end.   —modal
10. When the future tense is used in a dependent clause, the final position
    is occupied by the conjugated form of _____.   —werden

Complete in the future tense.

11. Uwe hat nicht genug Geld zum Tennisspielen. Uwe _____ dafür
    nicht genug Geld _____.   —wird...haben
12. Das kostet ziemlich viel. Das _____ ziemlich viel _____.   —wird...kosten
13. Uwe läuft lieber. Uwe _____ lieber _____.   —wird...laufen
14. Craig bleibt lieber bei seinem Tennis. Craig _____ lieber bei seinem
    Tennis _____.   —wird...bleiben
15. Uwe glaubt, man muß zu einem Club gehören. Uwe glaubt, man
    _____ zu einem Club _____ _____.   —wird...gehören müssen
16. Craig kann schon wieder Tennis spielen. Craig _____ schon wieder
    Tennis _____ _____.   —wird...spielen können

17. Er glaubt, daß Laufen langweilig ist. Er glaubt, daß Laufen langweilig
    _____ _____.   —sein wird

18. Ich dusche mich jeden Tag. Ich _____ mich jeden Tag _____.   —werde...duschen

19. The present tense _____ (can/cannot) be used to express future
    time.   —can

20. If it is used to express future time, it is most often used with an
    expression that denotes _____ time.   —future

Express future by expanding the statement with the cued expression.

21. (morgen) Ich spiele Tennis. _____   —Ich spiele morgen
                Tennis.

22. (in fünf Minuten) Ich weiß, daß er hier ist. Ich weiß, daß
    _____.   —er in fünf Minuten hier
                ist

B. ▶ English *will* and German **will**

23. The German verb form will is derived from _____ (English
    _____).   —**wollen**, *to want to*

24. English *will*, on the other hand, is the _____ for the English future
    tense.   —auxiliary

Supply the proper form of **wollen** *or* **werden**.

25. *I will visit you.* Ich _____ dich besuchen.   —werde

26. *What do you want?* Was _____ Sie?   —wollen

27. *What does she want?* Was _____ sie?   —will

28. *They will buy it.* Sie _____ es kaufen.   —werden

29. *I don't want to see it.* Ich _____ es nicht sehen.   —will

C. ▶ The three functions of **werden**

30. The basic meaning of werden is _____.   —*to become*

31. When combined with an infinitive, werden signals the _____ tense.   —future

32. When combined with a past participle, werden signals the _____ voice.   —passive

Translate the underlined expressions.

33. Elke <u>wird</u> nie krank. *Elke never* _____ *sick.*   —gets

34. Ich <u>werde</u> Lehrerin <u>werden</u>. *I* _____ _____ *a teacher.*   —will become

35. Meine Eltern <u>werden</u> kommen. *My parents* _____ *come.*   —will

36. In einem kleinen Geschäft <u>wird</u> der Einkauf zu einem kleinen Besuch.
    In a small store, shopping _____ *a little visit.*   —becomes

37. In der Zukunft <u>wird</u> man alles im Supermarkt <u>kaufen müssen</u>. *In the
    future, one* _____ _____ _____ _____ *everything in the
    supermarket.*   —will have to buy

D. ▶ The form **würde**

38. Any form of **würde** always corresponds to English _____.

—*would*

Translate.

39. Das werde ich gern(e) tun. _____

—*I'll gladly do that.*

40. Das würde ich gern(e) tun. _____

—*I would gladly do that.*

41. Würden Sie mich bitte anrufen? _____

—*Would you please call me?*

42. Wirst du mir helfen? _____

—*Will you help me?*

43. Würdest du mir helfen? _____

—*Would you help me?*

E. ▶ The words **als**, **wenn**, and **wann**

44. **Als**, **wenn** and **wann** all correspond to English _____.

—*when*

45. In German, **als** signals an event in the (future/past).

—*past*

46. **Wenn** signals _____ (an "*if*-situation"/a repeated event/an "*if*-situation or a repeated event).

—*an "if-situation" or a repeated event*

47. **Wann** signals a _____ (condition/question).

—*question*

48. When **als** causes V-L order, it always corresponds to English _____.

—*when*

49. When **als** does not produce V-L word order, it corresponds to English _____ or *than*.

—*as*

Complete with **als**, **wenn**, *or* **wann**.

50. Wir fahren immer in die Berge, _____ das Wetter schön ist.

—*wenn*

51. _____ fahren Sie in die Berge?

—*Wann*

52. _____ das Wetter schön ist, bleiben wir noch einen Tag hier.

—*Wenn*

53. _____ wir in den Bergen waren, regnete es fast jeden Tag.

—*Als*

54. Und was machen wir, _____ das Wetter nicht schön ist?

—*wenn*

55. Er arbeitet _____ Hotelportier in der Schweiz.

—*als*

56. _____ warst du in der Schweiz?

—*Wann*

57. In der Schweiz gibt es mehr hohe Berge _____ in Deutschland.

—*als*

Integrieren Sie den neuen Wortschatz

A. *Wie heißen die Körperteile 1-15?*

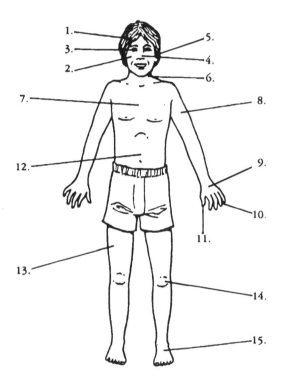

1. _____

2. _____

3. _____

4. _____

5. _____

6. _____

7. _____

8. _____

9. _____

10. _____

11. _____

12. _____

13. _____

14. _____

15. _____

B. *Ergänzen Sie die Sätze.*

1. Wenn Sie eine Arbeit nicht sofort machen wollen, dann _____ (*postpone*)

   Sie sie.

2. Wenn Sie einen langen und schweren Tag gehabt haben, dann sind Sie bestimmt

   _____ (*tired*).

3. Wenn man nicht krank ist, dann ist man _____. (*healthy*)

4. Wenn man eine Erkältung hat, dann _____ man oft. (*coughs*)

5. Wenn jemand krank ist und man ihm/ihr wünscht, daß er/sie bald gesund wird, dann **sagt man:**

   _____

6. Wenn man in der Sonne schwer arbeitet, dann _____ man oft. (*perspires*)

7. *Three times* heißt auf deutsch **dreimal**. Wie sagt man auf deutsch *once, twice, four times, five times* usw.?

   _____ _____ _____

   _____ _____ _____

   _____ _____.

8. Wenn eine Sache **schlimm** ist, dann ist sie nicht _____. (*good*)

9. Man kann sein Geld sparen oder es _____. (*spend*)

10. Wenn man _____ ist, muß man sich waschen. (*dirty*)

11. Manche Eltern kritisieren die Kinder und _____ zuviel. (*scold*)

12. „Was ich sagen will, ist sehr wichtig. Ich muß erst darüber _____.” (*think about it*)

C. *Welche deutschen Redensarten gefallen Ihnen besonders gut?*

   1. _____

   2. _____

   3. _____

D. *Circle the best possible answer(s) to complete each sentence.*

   1. Man sieht mit _____ (den Zehen/den Augen/dem Mund).

   2. Man geht mit _____ (den Armen/den Beinen/dem Kopf).

   3. Man ißt mit _____ (dem Hals/dem Ohr/dem Mund).

   4. Man schreibt mit _____ (der Hand/dem Zahn/dem Fuß).

   5. Man sitzt auf _____ (der Nase/dem Gesäß/dem Finger).

   6. Man atmet (*breathes*) durch _____ (die Nase/den Mund/das Ohr).

   7. Man hört mit _____ (der Brust/dem Knie/den Ohren).

   8. Man schläft auf _____ (den Füßen/dem Bauch/dem Rücken).

Hör' zu . . . und antworte! Antwortbogen

Übung A. *Circle A or B*

   1. A B   2. A B   3. A B   4. A B   5. A B   6. A B

Übung B. Diktat.

   1. _____

   2. _____

   3. _____

Übung C. *Write down the correct word.*

   1. _____   4. _____   7. _____

   2. _____   5. _____   8. _____

   3. _____   6. _____

Übung D. *Circle A, B, or R for Richtig.*

   1. A B R   5. A B R   8. A B R   11. A B R

   2. A B R   6. A B R   9. A B R   12. A B R

   3. A B R   7. A B R   10. A B R   13. A B R

   4. A B R

Probetest

A. *Sie sind in Deutschland krank geworden und gehen zum Arzt. Sie klagen über drei Symptome.*

   Beispiel: Der Rücken tut mir weh!

   1. _____

   2. _____

   3. _____

B. *Beantworten Sie die Fragen des Arztes.*

   1. Seit wann fühlen Sie sich nicht wohl? _____

   2. Haben Sie Fieber? _____

   3. Wie ist Ihr Appetit? _____

C. *Was hoffen Sie? Bilden Sie Sätze im Futur.*

    Beispiel: Ich hoffe, daß ich nächstes Jahr mehr Geld verdienen werde.

    1. Ich hoffe, daß _____ .

    2. Ich hoffe, daß _____ .

    3. Ich hoffe, daß _____ .

    4. Ich hoffe, daß _____ .

D. *Schreiben Sie einen kurzen Brief an Ihre Eltern. Erzählen Sie, was letzte Woche passiert ist. (Be careful about using* **wenn,** **als,** *and* **wann***).*

E. *Wann gehen Sie zum Arzt (zur Ärztin)?*

    1. Wenn ich _____

    2. Wenn _____

F. *Was machst du, wenn du diese Schmerzen hast?*

    1. Halsschmerzen _____

    2. Zahnschmerzen _____

    3. Kopfschmerzen _____

G. **Pläne!** *Was möchtest du werden/tun/haben usw.? Drei Sätze bitte!*

    1. _____

    2. _____

    3. _____

H. *Was würden Sie nie tun? (Zwei Sätze bitte.)*

    1. _____

    2. _____

I. *Was bedeuten diese Sätze? Können Sie es anders sagen?*

    1. Brigitte macht „ein langes Gesicht."

    _____

2. Warum findest du immer ein „Haar in der Suppe?"

_____

3. Halte den Mund!

_____

J. *Translate the underlined expressions.*

1. Manche Leute <u>werden immer</u> ein Haar in der Suppe" <u>finden.</u> _____

2. <u>Wenn man nichts weiß,</u> soll man den Mund halten. _____

3. Benzin <u>wird</u> nicht immer billig <u>sein.</u> _____

4. <u>Wann nimmt man sich etwas zu Herzen?</u> _____

5. <u>Werden Sie</u> ihm <u>glauben?</u> _____

K. *Auf deutsch bitte!*

1. When will he come?

_____

2. We will call you if we have time.

_____

3. I hope I won't get sick.

_____

4. I don't feel well.

_____

5. My back hurts.

_____

6. Take two pills three times daily.

_____

7. You will soon be well again. (du)

_____

8. I will buy them tomorrow.

   _____

9. If you write me, I will answer you. (Sie-form)

   _____

10. When I was in Germany, it was not so expensive.

    _____

L. *Answer as appropriate.*

   1. The future tense in German is formed with _____.

   2. In a main clause in the future tense, the _____ stands at the end of the clause.

   3. When a modal is used in the future tense, the _____ stands at the end.

M. *Create sentences by arranging the cue words in their proper sequence.*

   1. (werden/solche Redensarten/Sie/oft/hören)

      _____

   2. (solche Redensarten/oft/hören/ich/werde)

      Ich weiß, daß _____

   3. (Sie/solche Redensarten/oft/in Deutschland/müssen/hören/werden)

      _____

      _____

N. *Supply* als, wenn, *or* wann.

   1. _____ sagt man, „ich habe die Nase voll?"

   2. _____ ich in Deutschland war, hörte ich viele Redensarten.

   3. Er schimpft immer, _____ ich nicht den Mund halte.

   4. Man drückt den Daumen, _____ man jemand Glück wünscht.

O. *Complete with the appropriate word from the list.*

Bart • Ohren • Finger • Nase • Daumen • Mund • Schulter • Kopf • Augen

1. Mit den _____ sieht man.

2. Mit den _____ hört man.

3. Die _____ und der _____ sind an der Hand.

4. Der _____ und die _____ sind im Gesicht.

5. Mit dem _____ spricht man.

P. *Complete with the German equivalent of neither...nor.*

1. Das hat _____ Hand _____ Fuß.

2. Ich habe _____ Zeit _____ Geld dafür.

3. Karin trinkt _____ Bier _____ Wein.

Kapitel 11

Selbsttest

▶ Dialog

Übersetzen Sie die unterstrichenen Wörter.

1. <u>Soll</u> ich das Kleid <u>anprobieren</u>?   —Shall ...try?
2. Das <u>steht</u> <u>dir</u> <u>gut</u>!   —looks good on you
3. Es <u>sitzt nicht</u> in den Schultern   —does not fit
4. <u>Was meinst du</u>?   —What do you think?
5. Ja, dieses Kleid <u>paßt</u>.   —fits

A. ▶ Adjective endings after **der**-words or **ein**-words.

6. The ending of an attributive adjective depends on whether the adjective
   is preceded by a _____ or an _____.   —der-word, ein-word
7. A choice between endings has to be made only in three instances: (1)   —masculine nominative
   _____ _____ _____, (2) _____ _____ _____, (3)   singular; neuter nomi-
   _____ _____ _____.   native singular; neuter
                                                                               accusative singular

Restate, substituting the cued determiner and adjusting the adjective ending,
if necessary.

8. (unser-) Die Bevölkerungsexplosion ist zu einem großen Problem
   geworden. Die Bevölkerungsexplosion ist zu _____ _____
   Problem geworden.   —unserem großen

9. (jen-) Wann erreichen wir einen kritischen Punkt in dieser Explosion?
   Wann erreichen wir _____ _____ Punkt in dieser Explosion?   —jenen kritischen

10. (Manch-) Ihr kleines Land hat eine zu große Bevölkerung. _____
    _____ Land hat eine zu große Bevölkerung.   —Manches kleine (*or*)
                                                                             Manch kleines

11. (Welch-?) Ein europäisches Land hat keine Bevölkerungsexplosion.
    _____ _____ Land hat keine Bevölkerungsexplosion?   —Welches europäische
                                                                             (*or*) Welch europäisches

12. (jed-) Die Bevölkerungsexplosion ist für euer armes Land ein Problem.
    Die Bevölkerungsexplosion ist für _____ _____ Land ein
    Problem.   —jedes arme

Ergänzen Sie das Adjektiv mit der richtigen Endung.

13. Hast du diesen interessant____ Artikel gelesen?   —en

14. Der Artikel spricht von unserer groß ____ Bevölkerungsexplosion.   —en

15. Weißt du, daß ein jung____ Ehepaar heute nur zwei Kinder haben soll?   —-es

16. Ja sicher, aber manches jung____ Ehepaar wird dagegen protestieren.   —-e

17. Dein lieb____ Bruder und seine nett____ Frau wollen auch kein____ Kinder.   —-er, -e, -e

18. Schön, aber wir wollen doch ein lieb____, klein____ Baby, nicht wahr?   —-es, -es

B. ▶ Unpreceded adjectives

19. When no **ein-** or **der**-word precedes the attributive adjective, the attributive adjective adds the appropriate _____ ending.   —primary

20. Except for two instances, the primary ending is the same as the ending of the _____ (definite article/**der**-word/definite article or **der**-word.   —definite article or der-word

21. The two instances where the endings differ are the singular masculine and neuter _____ singular.   —genitive

22. In these cases, the ending is _____ instead of _____.   —-en, -es

*Restate without the **der**- or **ein**-word. Make any necessary changes in the unpreceded adjective.*

23. Dieser gute Wein ist teuer. _____ Wein ist teuer.   —Guter

24. Diese kalte Milch (*milk*) schmeckt gut. _____ Milch schmeckt gut.   —Kalte

25. Ein deutsches Mädchen sucht Arbeit. _____ Mädchen sucht Arbeit.   —Deutsches

26. Es macht uns einen großen Spaß. Es macht uns _____ Spaß.   —großen

27. Möchten Sie eine warme Milch? Möchten Sie _____ Milch?   —warme

28. Kaufen Sie immer dieses kalifornische Obst (*fruit*)? Kaufen Sie immer _____ Obst?   —kalifornisches

29. Wer ist der Junge mit dem schwarzen Haar? Wer ist der Junge mit _____ Haar?   —schwarzem

30. Er kommt aus einer reichen Familie. Er kommt aus _____ Familie.   —reicher

31. Bei diesem kalten Wetter bleibe ich zu Haus. Bei _____ Wetter bleibe ich zu Haus.   —kaltem

32. Ich liebe das Aroma dieses guten Kaffees. Ich liebe das Aroma _____ Kaffees.   —guten

33. Das ist das Resultat einer guten Arbeit. Das ist das Resultat _____ Arbeit.   —guter

34. Was ist der Wert (*value*) dieses japanischen Geldes? Was ist der Wert _____ Geldes?   —japanischen

35. Diese alten Klischees gefallen mir nicht. _____ Klischees gefallen mir nicht.   —Alte

36. Er hat keine großen Bücher geschrieben. Er hat _____ Bücher geschrieben.   —große

37. Wir sprechen von dem Lebensstandard der amerikanischen Frauen.
Wir sprechen von dem Lebensstandard _____ Frauen.

—amerikanischer

38. Das ist die Meinung mancher jungen Leute. Das ist die Meinung _____ Leute.

—junger

C. ▶ Adjectives after the indefinite quantifiers **viele, wenige, einige**

39. Adjectives following the indefinite quantifiers viele, wenige, and einige have _____ adjective endings.

—primary

Those adjectives take the _____ same/not the same endings as unpreceded adjectives.

—the same

40. Sie kauft sich viele neu____ Kleider. Sie hat nur wenige hell____ Sommerkleider.

—-e, -e

41. Ich gehe heute abend mit einigen nett____ Freunden ins Konzert.

—-en

D. ▶ Ordinal numbers

42. Ordinal numbers show the rank of something in a _____.

—series

43. The _____ article is always used with ordinal numbers.

—definite

44. Through 19, ordinal numbers are formed by adding _____ to the cardinal number; from 20 on, they add _____.

—-t-, -st-

45. Ordinal numbers _____ (are/are not) declined like descriptive adjectives.

—are

Complete with German equivalent of the cued ordinal number.

46. (*first*) Ja, Fritzchen ist unser _____ Kind.

—erstes

47. (*first*) Sind Sie zum _____ Mal in Deutschland?

—ersten

48. (*third*) Ich habe noch eine _____ Frage.

—dritte

49. (*seventh*) Sie sind im _____ Himmel!

—siebten (*or*) siebenten

50. (*eight*) Wir wohnen im _____ Stock.

—achten

51. (*nineteenth*) Welcher Tag ist der _____ März?

—neunzehnte

52. (*twentieth*) Morgen ist der _____ des Monats.

—zwanzigste

53. (*thirty-first*) Ja, sie ist am _____ Mai geboren.

—einunddreißigsten

54. (*fiftieth*) Hawaii ist der _____ Staat.

—fünfzigste

55. (*hundredth*) Ich habe dir das schon zum _____ Mal gesagt!

—hundertsten

56. (*twenty-ninth*) Alle vier Jahre gibt es einen _____ Februar.

—neunundzwanzigsten

57. (*twenty-first*) Er besucht uns zu meinem _____ Geburtstag.

—einundzwanzigsten

58. (*sixteenth*) Nach dem _____ Mai komme ich wieder.

—sechzehnten

59. (*thirty-first*) Der _____ Dezember ist der letzte Tag des Jahres.

—einunddreißigste

60. From **Drittel** on, German fractions are formed by adding _____ to the
    ordinal number.   —el

Complete with the cued fraction.

61. (¹/₄) Ich möchte ein _____ Pfund Kaffee.   —Viertel
62. (²/₃) _____ der Bevölkerung arbeitet.   —Zweidrittel
63. (³/₄) Es ist ein _____ Pfund zu schwer.   —dreiviertel
64. The German word for *half* is _____ or die _____.   —halb-, Hälfte
65. Halb- _____ (is/is not) declined.   —is

Complete with **halb-**.

66. Er war ein _____ Jahr krank.   —halbes
67. Wir warten schon eine _____ Stunde.   —halbe
68. Der Zug fährt in einer _____ Stunde.   —halben
69. Ordinal adverbs are used for _____ (ranking/emphasis).   —ranking

Complete with the German equivalent.

70. (*First*) _____ habe ich keine Zeit, und (*second*) _____ habe ich
    kein Geld.   —Erstens, zweitens

Integrieren Sie den neuen Wortschatz

A. *Diese Wörter und Ausdrücke (expressions) braucht man beim Einkaufen. Wie sagt man auf deutsch?*

1. Which size? My size! _____? _____!

2. too large _____ too small _____ too tight

_____ too wide _____

3. It fits well _____ It does not fit _____ I want to try it on

_____

4. fabric _____ to wear _____

B. *Wissen Sie die deutschen Wörter für Ihre Kleidungsstücke (pieces of clothing)? Machen Sie eine Liste. Wenn Sie ein Wort nicht wissen, schauen Sie im Wörterbuch nach!*

1. _____   5. _____

2. _____   6. _____

3. _____   7. _____

4. _____   8. _____

C. *Search in your memory for a word that expresses the opposite, or close to it.*

1. einfach _____   5. natürlich _____

2. formell _____   6. duzen _____

3. komisch _____   7. vor kurzer Zeit _____

4. miteinander _____   8. recht haben _____

Hör' zu . . . und antworte! Antwortbogen

Übung A. *Circle A or B.*

    1. A B   2. A B   3. A B   4. A B   5. A B   6. A B

Übung B. *Circle the word you hear.*

    1. Tasse Tatze Katze   5. so Zoo Zoll   9. schön schon Föhn

    2. Schweiß Schweiz Mais   6. lahm Lamm Schlamm   10. Söhne Sehne Lehne

    3. Tal Zahl Saal   7. Schacht scharrt lacht

    4. Malz Pfalz Salz   8. Bart Art Fahrt

Übung C. *Circle A, B, or C.*

    1. A B C   4. A B C   7. A B C   10. A B C   12. A B C
    2. A B C   5. A B C   8. A B C   11. A B C   13. A B C
    3. A B C   6. A B C   9. A B C

Widder 1 Stier 2 Zwillinge 3 Krebs 4 Löwe 5 Jungfrau 6

Waage 7 Skorpion 8 Schütze 9 Steinbock 10 Wassermann 11 Fische 12

Übung D. *Write down the correct number or answer.*[1]

1. _____   5. _____   9. _____

2. _____   6. _____   10. _____

3. _____   7. _____   11. _____

4. _____   8. _____   12. _____

---

[1] On the tape, you will hear the word **Tierkreiszeichen**, literally *"Animal circle sign."* It means *zodiac* (in Greek, literally, "circle of animals").

Probetest

A. *Bestellen Sie einige Kleidungsstücke aus dem* hess natur*-Katalog. Füllen Sie die Bestellkarte aus. (Just for fun, see how much of the descriptions of the merchandise you can understand, then fill out the order blank.)*

Diese **Hess Natur** Modelle bestelle ich entsprechend Ihren Verkaufsbedingungen mit ausdrücklichem Recht auf Umtausch oder Rückgabe innerhalb von 10 Tagen ab Rechnungsdatum. Mindestbestellwert DM 40,-; Versandkostenanteil: Bestellungen über DM 300,- frei; darunter DM 4,-.

Bestell-Nr.	Große	Farb-Nr.	Menge	Artikelbezeichnung	Einzel/Set preis	Katalog Seite

☐ per Rechnung ☐ per Nachnahme

Datum   Unterschrift

hess natur **Bestellkarte**

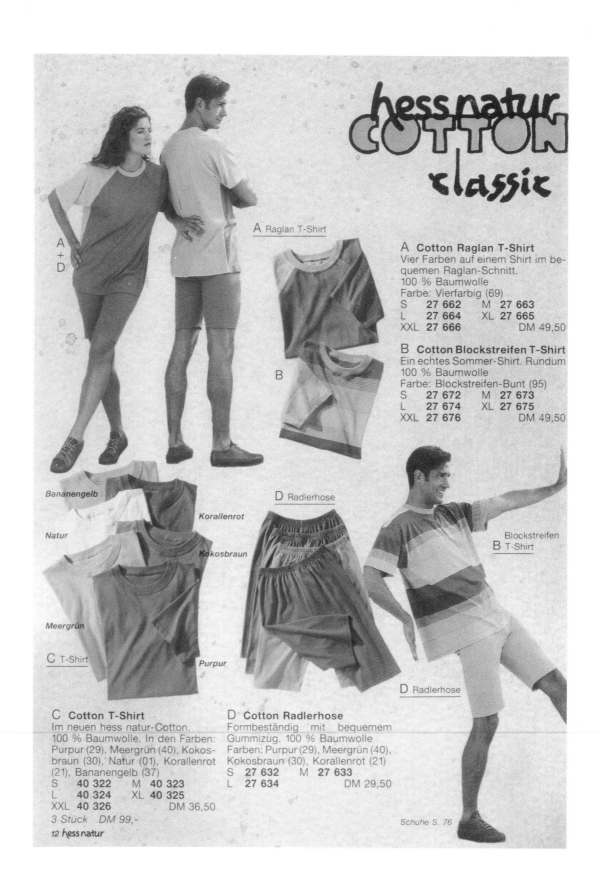

hess natur COTTON classic

A Raglan T-Shirt

A Cotton Raglan T-Shirt
Vier Farben auf einem Shirt im bequemen Raglan-Schnitt.
100 % Baumwolle
Farbe: Vierfarbig (69)

S	**27 662**	M	**27 663**
L	**27 664**	XL	**27 665**
XXL	**27 666**		DM 49,50

B Cotton Blockstreifen T-Shirt
Ein echtes Sommer-Shirt. Rundum
100 % Baumwolle
Farbe: Blockstreifen-Bunt (95)

S	**27 672**	M	**27 673**
L	**27 674**	XL	**27 675**
XXL	**27 676**		DM 49,50

B

Bananengelb

Natur

Korallenrot

Kokosbraun

Meergrün

D Radlerhose

Blockstreifen
B T-Shirt

C T-Shirt

Purpur

D Radlerhose

C Cotton T-Shirt
Im neuen hess natur-Cotton.
100 % Baumwolle. In den Farben:
Purpur (29), Meergrün (40), Kokosbraun (30), Natur (01), Korallenrot
(21), Bananengelb (37)

S	**40 322**	M	**40 323**
L	**40 324**	XL	**40 325**
XXL	**40 326**		DM 36,50

3 Stück   DM 99,-

12 hess natur

D Cotton Radlerhose
Formbeständig mit bequemem
Gummizug. 100 % Baumwolle
Farben: Purpur (29), Meergrün (40),
Kokosbraun (30), Korallenrot (21)

S	**27 632**	M	**27 633**
L	**27 634**		DM 29,50

Schuhe S. 76

Baumwolle.
Konsequent umweltgerecht.

C T-Shirt

E Jacke und Rock

E Jacke und Rock

E **Jacke und Rock mit Jacquardmuster**
Jacke mit Holzknöpfen und Seitentaschen. Dazu: schmaler Rock mit Gummizugbund und Seitenschlitzen. 100 % Baumwolle
Farbe: Bunt-Gemustert (96)
Größen: 36, 38/40, 42/44
Jacke Nr. **27 610** DM 89,50
Rock Nr. **27 620** DM 59,50

Schuhe S. 75

Größe	Damen	Herren
S	36	44
M	38/40	46/48
L	42/44	50/52
XL	46	54
XXL	48	56

Kokosbraun

Meergrün

Purpur

F Jacke

G Hose

F **Cotton Jacke**
Sie paßt über alles und zu allem. Holzknöpfe und Schubtaschen.
100 % Baumwolle
Farben: Purpur (29), Meergrün (40), Kokosbraun (30)
S   **27 652**   M **27 653**
L   **27 654**   XL **27 655**
          DM 74,50

G **Cotton Hose**
Sitzt bequem mit Gummizugbund, zwei Seitennahttaschen.
100 % Baumwolle
In den Farben: Purpur (29), Meergrün (40), Kokosbraun (30)
S   **27 642**   M **27 643**
L   **27 644**   DM 43,40

B
+
F
+
G

hessnatur 13

B. Beim Einkauf. *Sie kaufen ein Kleid für sich selbst oder eine Bluse für Ihre Freundin. (a) Sie fragen die Verkäuferin. (b) Sie antwortet.*

1. a) _____

    b) _____

2. a) _____

    b) _____

C. *Wie sieht Ihr Partner (Ihre Partnerin) aus?*

1. Er/sie ist _____ .

2. Er/sie ist _____ .

D. *Schreiben Sie diese drei Sätze in der Sie-form.*

1. Ich danke Dir für Deinen Brief vom 12.7.

    _____

2. Leider kann ich Dich am Sonntag nicht treffen.

    _____

3. Könntest du am nächsten Wochenende kommen?

    _____

E. *Complete.*

1. The **der**-words and **ein**-words follow the declensional pattern of the _____ and

    _____ articles.

2. All the _____ adjectives are **ein**-words.

3. Cross out the word that is not a **der**-word: **dies-, jed-, manch-, solch-, viel-, welch-, all-.**

F. *Complete the sentence with the cued **der**-word or **ein**-word.*

1. (Welch-) _____ Regel meinen Sie?

2. (Welch-) _____ Beispiel verwendet er?

3. (Welch-) _____ Sport hast du gern?

4. (all-) Man sagt nicht zu _____ Menschen „du".

5. (Manch-) _____ Leute turnen jeden Morgen.

6. (jed-) Man spricht mit _____ Kind per „du".

7. (ihr-) Sie sagt immer „du" zu _____ Schülern.

8. (sein-) Natürlich sagt er „du" zu _____ Frau.

9. (unser-) Der Lehrer hat zu _____ Kind „Du dumme Gans (goose)" gesagt!

10. (Mein-) _____ Freundin sagt jetzt „du" zu mir.

11. (mein-) Kennst du _____ Freund?

G. *Complete with the appropriate form of the cued adjective.*

1. (neu) Heute kostet jedes _____ Auto viel Geld.

2. (neu) Was hat dein _____ Auto gekostet?

3. (neu) Von welchem _____ Auto sprechen Sie?

4. (neu) Die Farbe deines _____ Autos gefällt mir gut.

5. (jung) Dieser _____ Mann möchte Sie sprechen.

6. (jung) Sie hat mit jedem _____ Mann getanzt.

7. (jung) Kennst du keinen _____ Mann dort?

8. (jung) Ja, das ist ihr _____ Mann.

9. (deutsch) Ist das deine _____ Freundin?

10. (deutsch) Erzähl' uns von deiner _____ Freundin!

11. (deutsch) Das Auto gehört meiner _____ Freundin.

12. (deutsch) Mit welcher _____ Freundin kommt er?

13. (arm) Er hilft allen _____ Leuten.

14. (arm) Manche _____ Leute sind gar nicht so arm, wie es scheint.

15. (arm) Kennst du denn keine _____ Leute?

16. (arm) Das Leben dieser _____ Leute ist schwer.

H. Complete with the proper form of the descriptive adjective.

1. (reich) Er ist das Kind _____ Leute.

2. (reich) Er ist das Kind von _____ Leuten.

3. (reich) Er ist das Kind dieser _____ Leute.

4. (gut) Ein _____ Wein ist teuer.

5. (gut) _____ Wein ist teuer.

6. (gut) Welchen _____ Wein trinken Sie heute?

7. (schön) Hier ist immer _____ Wetter.

8. (schön) Bei _____ Wetter gehen wir in die Berge.

9. (schön) Trotz des _____ Wetters war es kalt.

10. (alt) Das ist eine Sitte nach _____ Tradition.

11. (alt) Nach einer _____ Tradition feiert man dieses Ereignis mit einem Glas Wein.

12. (alt) Das ist _____ Tradition bei uns.

I. Rewrite the sentence, omitting the **der**-word or **ein**-word.

1. Dieses frische Obst ist gut. _____ Obst ist gut.

2. Dieses eiskalte Bier ist wunderbar! _____ Bier ist wunderbar!

3. Bei diesem schlechten Wetter bleiben wir zu Haus. Bei _____ Wetter bleiben wir zu Haus.

4. Er trinkt kein eiskaltes Bier. Er trinkt _____ Bier.

5. Sie ißt gern Wienerschnitzel mit einem grünen Salat. Sie ißt gern Wienerschnitzel mit _____ Salat.

J. Complete the statement by writing out the cued ordinal number.

1. (16) Man sagt „du" bis zum _____ Lebensjahr.

2. (1) Das ist mein _____ Fehler.

3. (100) Ich sage es dir zum _____ Mal!

4. (3) Wir wohnen im _____ Stock.

5. (7) Heute ist der _____ Tag der Woche.

6. (12) Dezember ist der _____ Monat.

7. (1, 2) Er war im _____ und _____ Weltkrieg.

8. (25) Weihnachten ist am _____ Dezember.

K. *Write out the date in numerals as you would in German.*

1. March 2, 1993 _____

2. December 17, 1995 _____

L. *Write out the date as you would in German, spelling out the month but using the number for the day.*

1. (6.7.) Heute ist der _____ 199____.

2. (9.3.) Heute ist der _____ 199____.

3. (7.5.) Berlin, den _____ 199____.

M. *Express in German.*

1. Every family knows these problems.

   _____

2. His daughter bought a new dress.

   _____

3. German wine tastes good.

   _____

4. He read her long letters every day.

   _____

5. Which German girl did he marry?

   _____

6. She did not lose her old friend.

_____

7. Her new car didn't cost too much.

_____

N. *Circle the correct answer to complete the sentence.*

1. Die amerikanische Flagge ist _____.

   rot, weiß, schwarz • blau, weiß, rot • schwarz, rot, gold

2. Die Farben _____ sind die Farben der deutschen Flagge.

   rosa, gelb, grün • schwarz, weiß, rot • schwarz, rot, gold

3. Die Flagge von Österreich ist _____.

   rot, rosa, rot • rot, weiß, rot • schwarz • rot • gold

Kapitel **12**

Selbsttest

▶ Dialog

Translate the underlined expressions.

1. Ich <u>möchte mir die Haare schneiden lassen.</u>

—want to have my hair cut

2. Ich möchte <u>einen moderneren Haarschnitt.</u>

—a more modern haircut

3. Ich möchte die Haare <u>viel kürzer.</u> — much shorter

4. Ich möchte mein Haar <u>genau so</u> tragen <u>wie</u> die Frau auf dem Bild.

—exactly as...as

5. Das ist wohl <u>das Wichtigste.</u>

—the most important thing

A. ▶ The comparison of adjectives and adverbs

6. The three forms of adjectives and adverbs are: the positive, the
_____, and the _____.

—comparative, superlative

7. The comparative is formed by adding _____ to the stem of the
adjective or adverb.

—-er

8. One-syllable adjectives and adverbs usually add an _____ to the
stem vowel.

—umlaut

Give the comparative forms.

9. schnell _____, groß _____

—schneller, größer

10. schön _____, alt _____

—schöner, älter

11. jung _____, oft _____

—jünger, öfter

12. laut _____, weiß _____

—lauter, weißer

13. In English, the comparative of words of more than one syllable is often
formed with the help of the word _____.

—*more*

14. In German, the word **mehr** _____ (is/is not) used to form the
comparative with adjectives and adverbs.

—is not

Complete.

15. *This brand is cheaper.* Diese Marke ist _____.

—billiger

16. *This brand is more expensive.* Diese Marke ist _____.

—teurer

17. *This brand costs more.* Diese Marke _____ _____.   —kostet mehr

18. The German superlative is formed by adding _____ to the stem.   —-st

19. One-syllable adjectives _____ (usually/rarely) add an umlaut in the superlative form.   —usually

20. A linking -e- is usually inserted between the stem and the -st ending when the stem ends in a _____ sound or in the letters _____ or _____.   —"hissing", -d,-t

21. When an adjective in the comparative or superlative precedes the noun it modifies, it _____ (adds/does not add) the same endings as any other adjective.   —adds

Give the superlative forms without any adjectival endings.

22. klein _____, lang _____   —kleinst-, längst-

23. gesund _____, weiß _____   —gesündest-, weißest-

Complete with the correct ending.

24. Kennen Sie meinen jünger____ Bruder?   —-en

25. Das ist der jünger____ Bruder von den beiden.   —-e

26. Wie heißt dein jünger____ Bruder?   —-er

27. Wir sprechen von Ihrem jünger____ Bruder.   —-en

28. Das Auto gehört meiner ältest____ Schwester.   —-en

29. Dies ist meine ältest____ Schwester.   —-e

30. Wie heißt Ihr jüngst____ Kind?   —-es

31. Das jüngst____ Kind heißt Brenda.   —-e

Give the positive, comparative, and superlative forms.

32. *gladly* _____ _____ _____   —gern, lieber, liebst-

33. *good* _____ _____ _____   —gut, besser, best-

34. *much* _____ _____ _____   —viel, mehr, meist-

35. *high* _____ _____ _____   —hoch, höher, höchst-

36. The **am** superlative is used with adjectives not preceded by the _____ article and with all _____.   —definite, adverbs

37. Similarity is expressed by the _____ form of the adjective or adverb with _____ as...as.   —positive, so...wie

38. Dissimilarity is expressed by the _____ with _____ *than.*   —comparative, **als**

Complete as suggested by the cue.

39. (*as expensive as*) Silber ist nicht _____ Gold.   —so teuer wie

40. (*as long as*) Mein Haar ist _____
_____ _____ dein(e)s.　　—so lang wie

41. (*higher than*) Ein Jet fliegt _____ ein Propeller-
Flugzeug.　　—höher als

42. (*less than*) Ein Ford kostet _____ ein Cadillac.　　—weniger als

Complete with the comparative and superlative forms.

43. Fritz ist intelligent, Moritz ist _____, aber
Marlene ist _____.　　—intelligenter, am intelligentesten

44. Dieser Jet fliegt schnell, die Concorde fliegt
_____, aber Superman fliegt
_____!　　—schneller, am schnellsten

45. Wilhelm hat einen langen Bart, Fritz hat einen
_____ Bart, aber der Weihnachtsmann hat den
_____.　　—längeren, längsten

46. German expresses an increase in degree with _____ plus the
comparative.　　—immer

47. A relationship between two comparatives is expressed in German by
the construction _____ *the...the*.　　—je...desto

48. In this construction, **desto** is often replaced by either _____ or
_____.　　—je, umso

49. Do not confuse the -er ending of the comparative with the _____
ending -er.　　—adjective

Complete with the appropriate form of the cued adjective, and give the English equivalent.

50. (klein) Das ist mein _____ Bruder.　　—kleiner, *little*

51. (klein) Je _____, desto besser.　　—kleiner, *smaller*

52. (schnell) Ein Porsche ist ein _____ Auto.　　—schnelles, *fast*

53. (schnell) Dieses hier ist noch _____.　　—schneller, faster

Complete with the German equivalent of the English cues.

54. (*colder and colder*) Es wird _____.　　—immer kälter

55. (*like best*) Ich habe es _____.　　—am liebsten

56. (*bigger than*) Robert ist _____ Erich.　　—größer als

57. (*cheaper*) Das ist der _____ Kunststoff.　　—billigere

58. (*most beautiful*) Hier ist unser _____ Zimmer.　　—schönstes

59. (*most expensive*) Hier ist das _____ Buch.　　—teuerste

60. (*the most expensive*) Welches Hotel ist _____?　　—am teuersten

B. ▶ The construction um...zu + infinitive

61. The construction **um...zu** plus the infinitive always corresponds to
    English _____ plus the infinitive.

    —*in order to*

Complete the German equivalent.

62. *I eat in order to live and do not live in order to eat.* Ich esse,
    _____ und lebe nicht,
    _____.

    —*um zu leben, um zu essen*

63. *The company advertises in order to sell more toothpaste.* Die Firma macht
    Reklame, _____.

    —*um mehr Zahnpaste zu verkaufen*

C. ▶ Nouns after etwas, nichts, viel, wenig

64. Adjectives after etwas, nichts, viel, and wenig are treated like _____
    and always end in _____.

    —*nouns, -es*

Complete with the German equivalent of the English cue.

65. (*something new*) Wissen Sie _____ _____?

    —*etwas Neues*

66. (*nothing interesting*) Es gab _____ _____ zu sehen.

    —*nichts Interessantes*

67. (*much good*) Sie hat _____ _____ in ihrem Leben getan.

    —*viel Gutes*

68. (*little good*) Er hat _____ _____ zu erzählen.

    —*wenig Gutes*

D. ▶ The verbs lassen and sich lassen

69. The three basic meanings of **lassen** are: *to* _____; *to* _____ *and to*
    _____ *someone to do something.*

    —*leave: let* (or) *permit; cause*

Translate the underlined constructions.

70. <u>Lassen</u> Sie mich bitte nicht lange <u>warten</u>!

    —*Let...wait*

71. <u>Lassen Sie mich allein</u>!

    —*Leave me alone!*

72. Er <u>läßt</u> immer sein Auto hier.

    —*leaves*

73. Sie <u>hat</u> ihr Auto <u>reparieren lassen</u>.

    —*had...repaired*

74. Wo <u>haben</u> Sie Ihr Kind <u>gelassen</u>?

    —*did...leave*

75. Ich <u>lasse</u> dich <u>tun</u>, was du willst.

    —*let...do*

Integrieren Sie den neuen Wortschatz

A. *Antworten Sie bitte.*

   1. Sie haben die Wörter **Friseur, Friseuse** und **Frisur** gelernt. Was bedeutet das Verb **frisieren?**

      _____

   2. Sie kennen die Wörter **Haar, Haarschnitt** und **schneiden.** Was bedeutet der **Haarschneider?**

      _____ Frauen sagen, daß sie zum **Friseur** müssen, Männer sagen, daß sie zum

      Haarschneider gehen.

B. *Drücken Sie das Gegenteil aus.*

   1. genau so _____

   2. leicht _____

   3. glatt _____

   4. ohne _____

   5. ich bin sicher _____

   6. weiß _____

   7. Sie haben recht _____

   8. verschlechtern (*to make things worse*) _____

C. *Welche Zeiteinheit* (unit of time) *fehlt?*

   das Jahr, der Monat, die Woche, der Tag, die _____, die Minute, die Sekunde.

D. *Wie heißt das Nomen?*

1. fahren, die _____ (*trip*)

2. genießen (*to enjoy*), der _____ (*enjoyment*)

3. trinken, das _____ (*beverage*)

4. speisen (*to dine*), die _____ (*food, dish*)

5. rauchen, der _____ (*smoke*)

E. *Ergänzen Sie die Sätze:*

1. Die Sonne scheint heute so hell. Ich brauche meine _____.

2. Der _____ tut mir weh. Ich muß zum Zahnarzt!

3. Aus welcher _____ ist dieses Bild? Aus der *Brigitte?*

4. Nein danke, ich esse lieber keinen Kuchen. Er hat zuviele _____, und ich will

abnehmen.

Hör' zu . . . und antworte! Antwortbogen

Übung A. *Circle A, B, or C. Sometimes more than one answer is correct.*

    1. A B C   3. A B C   5. A B C

    2. A B C   4. A B C   6. A B C

Übung B. *Circle A, B, or C.*

    1. A B C   4. A B C   7. A B C   10. A B C

    2. A B C   5. A B C   8. A B C   11. A B C

    3. A B C   6. A B C   9. A B C   12. A B C

Übung C. *Circle R (Richtig) or F (Falsch).*

    1. R F   6. R F   11. R F   16. R F

    2. R F   7. R F   12. R F   17. R F

    3. R F   8. R F   13. R F   18. R F

    4. R F   9. R F   14. R F   19. R F

    5. R F   10. R F   15. R F

Übung D. *Circle A or B.*

    1. A B   3. A B   5. A B   7 A B   9. A B

    2. A B   4. A B   6. A B   8. A B   10. A B

Übung E. *Diktat.*

    1._____

    2._____

    3._____

Probetest

A. *Sie gehen zum ersten Mal zu einem deutschen Friseur/Friseuse. Sie schreiben sich auf, was Sie sagen wollen, denn Sie möchten einen anderen Haarschnitt haben. Eine der Frisuren auf den Bildern ist so ähnlich, aber nicht ganz so, wie Sie Ihr Haar haben möchten.*

Sie sagen zum Friseur/zur Friseuse: „Ich möchte mein Haar so ähnlich tragen wie auf dem Bild, aber ich möchte ...

_____

_____

_____

_____

_____

_____

_____."

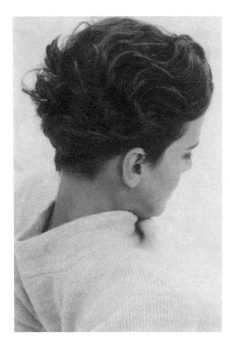 

B. Das mache ich. Und du? *(a) Sagen Sie, was Sie gern machen, und (b) Ihr Partner (Ihre Partnerin) sagt, was er/sie lieber macht.*

    1. a) _____

        b) _____

    2. a) _____

        b) _____

C. *Und was machen Studenten am liebsten?*

    _____

D. *Schreiben Sie einen Reklame-Satz für _____.*

    1. Coca-Cola _____

    2. Aspirin _____

    3. die Deutsche Bundesbahn _____

    _____

E. *Translate the underlined expressions.*

    1. <u>Je öfter</u> Sie Reklamen hören, <u>desto mehr</u> kaufen Sie. _____

    2. Die Firmen machen Reklame, <u>um neue Käufer zu finden</u>. _____

    3. Die Leute <u>leben gesünder</u>. _____

    4. Das ist <u>der sicherste Weg</u> zur schlanken Linie. _____

    5. <u>Keine schmeckt besser.</u> _____

    6. Unsere Firmen <u>geben Millionen aus</u>. _____

F. *Complete.*

    1. The comparative is formed by adding _____, and the superlative by adding _____.

    2. A construction for the superlative often uses the word _____.

    3. Adjectives in the comparative, when they precede a noun _____ (are/are not) declined.

    4. Adverbs in the comparative _____ (are/are not) declined.

G. *Circle T for True or F for False.*

    1. As in English, German adjectives of more than one syllable form their
       comparative with the equivalent of *more* (mehr).   T   F

    2. The superlative after a **der**-word is declined when it precedes the noun it
       modifies.   T   F

    3. Unlike English, German has no irregular comparisons.   T   F

    4. The ending **-er** on an adjective is always a signal for the comparative.   T   F

    5. The phrase **so...wie** expresses dissimilarity.   T   F

    6. The phrase **je...je** expresses the same thing as **je...umso**.   T   F

H. *Auf deutsch bitte.*

    1. This car is faster. _____

    2. This one is the fastest. _____

    3. This one drives the fastest._____

    4. This ad is the most interesting. _____

5. But this one is still more interesting. _____

6. I like this ad best. _____

7. He has less and less time. _____

8. She dances better than you. _____

I. *Complete as suggested by the cue.*

1. (*inexpensive*) Hier ist ein _____ Auto.

2. (*cheaper*) Kaufen Sie doch ein _____ Auto!

3. (*cheapest*) Das ist unser _____ Auto.

4. (*least expensive*) Welches Auto ist _____?

5. (*less expensive*) Haben sie keine _____ Autos?

6. (*more beautiful*) Haben Sie keine _____ Wohnung?

7. (*most beautiful*) Das ist eine der _____ Wohnungen.

8. (*more beautiful*) Wir sprechen von einer _____ Wohnung.

9. (*the most beautiful*) Ihre Wohnung ist _____.

10. (*shortest*) Februar ist der _____ Monat.

11. (*shorter*) Welcher ist der _____ Monat?

12. (*shortest*) April ist nicht der _____ Monat.

13. (*shorter*) Sie meinen sicher den _____ der beiden Monate.

J. *Ergänzen Sie.*

1. Er trinkt Wein gern, aber Bier trinkt er _____, und Wasser trinkt er

   _____.

2. Das „Chrysler Building" ist hoch, aber das „Empire State Building" ist _____,

   und das „World Trade Center" ist _____.

3. Ich bin nicht so alt wie Fritz. Er ist _____, und Karl ist

_____.

K. *Complete, using the appropriate superlative.*

1. Thomas hat viel gegessen, aber Hans _____ .

2. Gerhard ist arm, aber Josef _____ .

3. Ich bin gern zu Hause, aber _____ reise ich.

L. *Auf deutsch bitte!*

1. The ads are becoming more and more aggressive (**aggressiv**).

_____

2. The less you eat, the slimmer you become.

_____

3. This mistake is just as bad as that one.

_____

4. This product is worse than that one.

_____

5. I work in order to earn money.

_____

6. I have nothing important to tell.

_____

7. Don't let me disturb you.

_____

8. Leave your car at home.

_____

9. Where did you leave your car?

_____

10. He had his car repaired.

_____

M. *Complete with an appropriate word from the Lesestück.*

1. Mit Perlweiß werden die _____ weißer.

2. Firmen geben Millionen aus, um neue _____ zu finden.

3. Mit einer Kanone kann man _____.

4. Gute Reklame bringt _____ Gewinne.

5. Die Reklame hilft dem Käufer besser zu _____.

6. Die Reklame _____ den Lebensstandard.

7. Der sicherste Weg zur _____ Linie ist weniger essen.

8. Mit der neuen _____ von Polaroid sehen Sie besser.

9. Nasivin ist ein gutes Medikament gegen _____.

interRent   iR.
Deutschlands größte Autovermietung

Immer mehr Leute haben keine Schuppen mehr.

Sind Sie auch einer der zufriedenen
Crisan-Verwender? Dann sagen Sie es
in unserer nächsten Anzeige.
Schicken Sie ein nettes Foto an
WELLA AG, Postfach 40 28,
6100 Darmstadt, Kennwort: CRISAN

Ich habe schon
viel probiert.
Doch Crisan macht wirklich
schuppenfrei

N. *Which words belong together? Draw lines connecting the right words.*

Staubsauger	schöner aussehen
Sonnenbrille	besser sehen
Bundeswehr	Nase
Bundesbahn	Ferien
Schnupfen	mehr als ein Job
	Lautstärke

O. *Write an ad about your favorite or most hated product. Use comparatives and superlatives.*

_____

_____

_____

_____

_____

Kapitel **13**

Selbsttest

▶ Dialog

Translate the underlined expressions.

    1. Sind Sie der junge Mann, <u>der sich</u> um die Stelle <u>bewirbt</u>?   —who is applying

    2. Ich möchte Kontakt mit Menschen. <u>Den wünsch' ich mir.</u>   —I wish for that.

    3. Ich will keinen Job, <u>bei dem man nur sitzt</u>.   —where one only sits

    4. In der Schule, <u>die ich besuchte</u>, gab es das nicht.   —that I attended

    5. <u>Das macht nichts.</u>   —It does not matter

A. ▶ Relative pronouns

    6. Relative pronouns are similar to the _____ (definite/indefinite) articles.   —definite

    7. They have the same gender and _____ as the _____ to which they refer.   —number, noun

    8. They always cause _____ (V-S/V-L) word order.   —V-L

    9. Their _____ depends on their function in the dependent clause.   —case

  10. Relative clauses are always set off by _____.   —commas

  11. Relative pronouns _____ (can/cannot) be omitted in German.   —cannot

  12. The relative pronouns are declined like the definite article, except for _____ (four/five) "long" forms.   —five

  13. These forms occur in all forms of the _____ (dative/genitive), and in the _____ _____.   —genitive, dative, plural

  14. The "long" forms add _____ to the article.   —-en (*or*) -sen

Complete with the appropriate relative pronoun.

  15. Ich kenne ein Kaufhaus, _____ billig ist.   —das

  16. Ich habe eine Versicherung, _____ sehr gut ist.   —die

  17. Ich kenne einen Kunden, _____ es kaufen wird.   —der

  18. Ich kenne viele Kunden, _____ sich dafür interessieren.   —die

  19. Die Frau, _____ Sie dort sehen, ist die Leiterin.   —die

  20. Der junge Mann, _____ Sie interviewen wollen, ist hier.   —den

21. Das Büro, _____ Sie suchen, ist dort.   —das

22. Die Leute, _____ Sie interviewen möchten, sind hier.   —die

23. Der junge Mann, _____ Sie geholfen haben, ist am Telefon.   —dem

24. Die Leiterin, _____ Sie geschrieben haben, ist auf Urlaub.   —der

25. Das Fräulein, _____ der Regenschirm gehört, hat angerufen.   —dem

26. Die zwei Abiturienten (*graduates from a German gymnasium*), _____ Sie geschrieben haben, kommen heute um 9 Uhr.   —denen

27. Wie heißt der Abiturient, _____ Adresse wir nicht haben?   —dessen

28. Wie heißt die Abiturientin, _____ Empfehlungsschreiben so gut war?   —deren

29. Das Kaufhaus, _____ Reklamen so gut sind, ist jetzt bankrott.   —dessen

30. Die Kunden, _____ Rechnungen nicht bezahlt sind, dürfen nichts mehr kaufen.   —deren

31. In German, when a preposition is used with a relative pronoun, the preposition may _____ (sometimes/never) come at the end of the clause.   —never

Insert the prepositions for *and* **für** *in the correct place to complete the sentences.*

32. Die Firma, die er arbeitet, verkauft Jeans.   —...Firma, für die...

33. *The company he works sells jeans.*   —...works for sells...

Complete, arranging the cued words in the proper order.

34. (warte/auf/den/ich) Der Brief, _____ _____ _____ _____, ist noch nicht angekommen.   —auf den ich warte

35. (der/ich/wohne/bei) Die Familie, _____ _____ _____ _____, ist sehr nett.   —bei der ich wohne

36. (dem/ich/das Auto/habe/gekauft/von) Der Amerikaner, _____ _____ _____ _____ _____ _____ _____, heißt Joe Mason.   —von dem ich das Auto gekauft habe

B. ▶ The indefinite relative pronouns **wer** and **was**

37. Wer as a relative pronoun may mean *who*, _____, or _____ _____.   —*whoever, he who*

38. Was as a relative pronoun may mean *what*, _____, or _____ _____.   —*whatever, that which*

39. Both are used as relative pronouns when there is no _____ (antecedent person or thing/antecedent person/antecedent thing).   —antecedent person or thing

40. They are also used when the antecedent is _____ or is a whole clause.   —nonspecific

Complete with **wer** *or* **was**, *and give its English equivalent.*

41. _____ Geld hat, hat Glück.   —Wer (*Whoever*)

42. Sie können machen, _____ Sie wollen.

—was (*whatever*)

43. _____ Sie sagen, ist richtig.

—Was (*Whatever*)

44. _____ das sagt, ist ein Dummkopf.

—Wer (*Whoever*)

C. ▶ **wo** as a relative pronoun

45. Wo is often used to replace a preposition + relative pronoun when referring to a _____.

—place

Restate, replacing **wo** *with a preposition + personal pronoun, or vice versa, as appropriate.*

46. Die Konditorei, wo wir uns treffen, ist sehr gemütlich. Die Konditorei, _____ wir uns treffen, ist sehr gemütlich.

—in der

47. Hier ist das Geschäft, in dem ich arbeite. Hier ist das Geschäft, _____ ich arbeite.

—wo

48. Wien ist die Stadt, in der ich am liebsten lebe. Wien ist die Stadt, _____ ich am liebsten lebe.

—wo

49. A preposition + the indefinite pronoun was may be replaced by a _____-compound.

—wo

Replace the preposition and indefinite pronoun with a **wo**-*compound.*

50. Ist das das Auto, für das du dich interessierst? Ist das das Auto, _____ du dich interessierst?

—wofür

51. Das ist das Telegramm, auf das sie solange wartete. Das ist das Telegramm, _____ sie so lange wartete.

—worauf

52. Das Problem, über das wir sprachen, ist ernst. Das Problem, _____ wir sprachen, ist ernst.

—worüber

D. ▶ Demonstrative pronouns

53. Demonstrative pronouns are the definite articles and _____ in all its forms.

—**dieser**

54. A demonstrative pronoun _____ (describes/points out) an item that is part of a larger collection.

—points out

55. The declension of demonstrative pronouns is the same as that of the _____ (definite article/relative pronoun).

—relative pronoun

56. In speaking, the demonstrative pronouns are always _____.

—stressed

Complete with the appropriate form of the demonstrative pronoun derived from **der, die, das**.

57. Dieser Platz ist besser als _____ da.

—der

58. In dem Campingsplatz hier sind weniger Leute als in _____ dort.

—dem

59. Ich möchte das Zelt dort, nicht _____ hier.

—dieses

60. Wir sprechen nicht von diesen Touristen hier, sondern von _____ dort.

—denen

*Complete with the appropriate form of **dies-** used as a demonstrative pronoun.*

61. Haben Sie solche Postkarten?–Ja, _____ haben wir.   —diese
62. Ich möchte eine mit einem Foto, aber nicht mit _____ hier.   —diesem
63. Ja, das Foto gefällt mir besser als _____ da.   —dieses (*or*) dies
64. The short form **dies** may be used in the _____ case for all genders,
    singular and plural.   —nominative
65. The neuter pronoun **das** (*that, those*) may be used for all _____ in
    the singular and plural.   —nouns
66. It may also be used for a whole _____.   —clause

*Complete with **dies** or **das**, and give its English equivalent.*

67. _____ ist mein Haus.   —Dies *or* Das (*This*)
68. Das ist meine Schwester, und _____ hier sind meine Eltern.   —dies (*these*)
69. Der Amerikaner dort? _____ ist mein neuer Freund.   —Das (*That*)
70. Ja, _____ waren Zeiten!   —das (*those*)
71. Wer ist die Dame dort? _____ ist die neue Chefin.   —Das (*That*)
72. The difference between a relative pronoun and a demonstrative pro-
    noun can be determined from _____ (its declension/word order).   —word order

Supply a relative or a demonstrative pronoun, and give its English equivalent.

73. Du, das Moped, _____ mir gefällt, ist schon verkauft.   —das (*which*)
74. Du, dein Moped, _____ gefällt mir!   —das (*that one*)

E.   The prefixes **un-** and **ur-** and the suffixes **-bar** and **-los**

Translate the underlined words.

75. Ja, das war eine <u>ungemütliche Situation</u>.   —*an unpleasant situation*
76. Das ist doch <u>unmöglich</u>!   —*impossible*
77. Das ist ein großes <u>Unglück</u>.   —*misfortune*
78. Wo gibt es noch heute einen <u>Urwald</u>?   —*primeval forest*
79. Das ist ein <u>uraltes</u> Problem.   —*very old, ancient*
80. Er ist <u>leblos</u>.   —*lifeless*
81. Das ist <u>undenkbar</u>!   —*unthinkable*

Complete on the basis of the Lesestück.

82. Fast jeder, der einen Job sucht, muß einen _____
    schreiben.   —Lebenslauf
83. Man geht zuerst auf die _____ und dann auf das
    Gymnasium.   —Volksschule
84. Auf einer Universität studiert man ein _____.   —Hauptfach
85. Mit einem Stipendium bekommt man _____.   —Geld

86. Man kann nur an einer Universität _____, wenn man das Abitur hat.

—studieren

87. Ein Hausmakler (oder eine Hausmaklerin) verkauft

_____.

—Häuser

88. In Deutschland geht man zuerst auf die _____ und dann auf die _____ und dann auf die Hochschule.

—Volksschule, Oberschule

89. Ein Sport, den man besonders liebt, ist ein

_____.

—Lieblingssport

90. Das Essen, das man am liebsten hat, ist das

_____.

—Lieblingsessen

91. Mein deutsches Lieblingsessen ist _____.

—(your choice)

Integrieren Sie den neuen Wortschatz!

A. *Ergänzen Sie.*

1. das **Hauptfach** = *major*; das **Nebenfach** = *minor*; das **Fach** = _____

2. drei Brüder und zwei Schwestern sind fünf _____.

3. Wenn man studieren will, geht man von der Volksschule zur _____ und dann

   auf die Universität oder eine Hochschule.

4. Das Nomen für **schützen** ist der _____.

   Das Nomen für **unterscheiden** ist der _____.

   Das Nomen für **verbessern** ist die _____.

5. **bringen** = *to bring, to take*; **verbringen** = _____.

6. die **Frau** = *woman*; other meaning: *wife*.

   der **Mann** = *man*; other meaning: _____.

   die **Hausfrau** = _____. Guess the word for a *man who takes care of the house and*

   children as his main occupation. _____.

7. Wenn Sie keine Arbeit haben und Geld verdienen müssen, dann suchen Sie einen

   _____. Sie bewerben sich um eine _____.

B. Was ist das Gegenteil (antonym) dieser Wörter?

   1. ähnlich   _____

   2. genau   _____

   3. gestorben _____

4. vor   _____

5. hinter   _____

6. verlieren   _____

7. mehrere   _____

C. *Take the following compound nouns apart, then translate the parts and the compound noun.*

   1. die **Hausfrau**

       das **Haus** = *house*   die **Frau** = *woman, wife*   *housewife*

   2. die **Volksschule**

       _____   _____   _____

   3. die **Arbeitszeit**

       _____   _____   _____

   4. das **Kaufhaus**

       kaufen = *to buy*   _____   _____

   5. der **Kundendienst**

       _____   _____   _____

   6. der **Lebenslauf**

       _____   _____   _____

   7. der **Schreibtisch**

       _____   _____   _____

Hör' zu . . . und antworte! Antwortbogen

Übung A. *Circle A, B, or C.*

1. A B C	3. A B C	5. A B C	7. A B C
2. A B C	4. A B C	6. A B C	8. A B C

Übung B. *Circle R (Richtig) or F (Falsch).*

1. R F   2. R F   3. R F   4. R F   5. R F   6. R F

Übung C. *Circle R (Richtig) or F (Falsch).*

1. R F	5. R F	9. R F	13. R F
2. R F	6. R F	10. R F	14. R F
3. R F	7. R F	11. R F	15. R F
4. R F	8. R F	12. R F	16. R F

Übung D. *Write down another word belonging to the same category.*

1. _____   4. _____

2. _____   5. _____

3. _____   6. _____

Übung E. *Circle A or B.*

1. A B	3. A B	5. A B	7. A B
2. A B	4. A B	6. A B	8. A B

Probetest

A. *Sie bewerben sich bei einer deutschen Firma um eine Stellung. Die Firma gibt Ihnen einen Personalbogen. Bitte füllen Sie ihn aus.* (This form is a slightly shortened version of an authentic questionnaire.) When hiring someone, German companies also want to know, e.g., whether a person draws a pension of some kind, whether he/she has a police record or whether court proceedings are currently held against him/her, and in the case of young men, whether the mandatory military or civil service has been completed.

The personnel form on p. 232 has some words you are not familiar with yet. Try to guess first before consulting the following list of words which occur in order of their appearance.

Staatsangehörigkeit	*nationality*		
verwitwet seit	*widowed since*	Arbeitsgeber	*employer*
Ehegatte	*spouse*	Grund des Austritts	*reason why you quit*
beschäftigt bei	*employed by*	Sonstige	*other*
schwerbehindert	*handicapped*	Führerschein	*driver's license*
Minderung	*decrease, less*	Angaben	*information*
Erwerbsfähigkeit	*ability to work*	Einstellung	*hiring*
leiden (litten) Sie	*Do you (did you) suffer*	Gehaltswunsch	*salary asked*
vorgesehene Arbeit	*job in question*	brutto	*gross*
beeinträchtigen	*have a negative impact*	bisherig	*up till now*
Praktika	*internships*	Sonstige Bezüge	*other income*
Abschluß	*diploma*	gekündigt	*given notice*
Berufliche Tätigkeit	*professional activity*	Kündigungsfrist	*deadline to give notice*

Personalbogen

Lichtbild

I. ▶ Persönliches

Bewerbung als _____

1. Familienname _____ Geburtsname _____

   Vornamen _____ (Rufnamen unterstreichen)

2. Wohnort _____ Straße _____ Tel. _____

3. Geburtstag _____ Geburtsort _____

4. Staatsangehörigkeit _____ Religionszugehörigkeit _____

5. Familienstand: ☐ ledig ☐ verheiratet seit _____ ☐ verwitwet seit _____ ☐ geschieden seit _____

6. Name und Geburtstag des Ehegatten _____

   Beruf des Ehegatten _____ Beschäftigt bei _____

   Namen und Geburtstage der Kinder:

   _____   _____

   _____   _____

7. Sind Sie Schwerbehinderter oder einem Schwerbehinderten gleichgestellt? ☐ Ja ☐ Nein

   Minderung der Erwerbsfähigkeit? ☐ Ja ☐ Nein   Wenn Ja, welche? _____ MdE: _____%

8. Leiden oder litten Sie unter Krankheiten, welche Sie bei der vorgesehenen Arbeit beeinträchtigen könnten?

   _____

II. ▶ Schul- und Berufsausbildung/Praktika

(Hoch-) Schule/Betrieb	Name und Ort d. (Hoch-)Schule/Betriebs	(Studien-)Fach	von - bis	Abschluß

III. ▶ Berufliche Tätigkeit nach beendeter Ausbildung

Arbeitgeber	Ort	Tätigkeit	von - bis	Grund des Austritts

IV. ▶ Sonstige besondere berufliche Fähigkeiten/Kenntnisse

(Sprachen, Stenographie, Maschinenschreiben/Schreibsysteme, EDV/PC-Kenntnisse etc.)

_____

_____

_____

_____

Füherschein? ☐ Ja ☐ Nein   Klasse: _____

V. ▶ Angaben für die Einstellung

1. Gehaltswunsch brutto (mtl./jährl.): _____ Bisheriges Bruttoeinkommen (mtl./jährl.): _____ seit: _____

2. Sonstige Bezüge (Urlaubs-/Weihnachtsgeld/Prämien/etc.)

_____

3. Ist Ihr derzeitiges Arbeitsverhältnis gekündigt? ☐ Ja ☐ Nein

Kündigungsfrist: _____ Frühester Eintrittstermin: _____

B. Ein Jobinterview. (a) Der Leiter (die Leiterin) fragt Sie über Ihre Bewerbung und Ihre Qualifikationen. (b) Sie antworten.

1. a) _____

   b) _____

2. a) _____

   b) _____

C. *Was wünschen Sie sich von Ihrem Beruf?*

1. _____

2. _____

D. *Welche Fragen soll ein Lebenslauf beantworten?*

1. _____

2. _____

E. *Wie haben Sie schon Geld verdient?*

1. _____

2. _____

F. *Translate the underlined expressions.*

1. Ich studiere in Graz, <u>wo ich ein Stipendium bekommen habe.</u> _____

_____

2. <u>Neben meinem Studium</u> spiele ich Klarinette in einem Nachtklub. _____

_____

3. In den Ferien, <u>die ich am liebsten in den Bergen verbringe,</u> wandere ich gern._____

_____

4. Der Alpenverein, <u>dessen Mitglied ich bin</u>, ist wie der amerikanische Sierra Club. _____

_____

G. *Ergänzen Sie die Sätze.*

1. Relative pronouns have the same gender and number as _____

_____.

2. Their case is determined by _____

_____.

H. *Connect the second sentence to the first by a relative pronoun.*

1. Wie heißt der Mann? Du hast sein Foto bekommen.

_____

2. Das ist ein Typ. Ich möchte ihn nicht heiraten.

_____

3. Hier ist ein Brief von einem Mädchen. Es ist mir sehr sympathisch.

_____

4. Was schreibt der Junge? Er ist dir unsympathisch.

_____

I. *Ergänzen Sie die Sätze.*

1. The indefinite relative pronouns are _____ and _____.

2. Wo can also function as a relative pronoun instead of _____.

3. Wo must be used when referring to _____.

4. Wo-compounds are used to replace a preposition + _____.

J. *Übersetzen Sie.*

1. Wer an einer Hochschule studieren will, muß das Abitur haben.

_____

2. Was nicht richtig ist, ist falsch.

_____

K. *Ergänzen Sie mit wo, was or wer.*

1. Das, _____ ich gelernt habe, ist interessant.

2. Klagenfurt ist die Stadt, _____ ich mein Arbitur gemacht habe.

3. _____ nicht für diese Politik ist, ist dagegen.

L. *Replace the preposition and relative pronoun with a wo-compound.*

1. Skateboardfahren, mit dem ich erst jetzt begonnen habe, gefällt mir gut.

_____

_____

2. Das Fußballspiel, auf das ich mich freue, ist nächste Woche.

_____

_____

M. *Auf deutsch, bitte.*

1. This is my car. _____

2. This department store is more expensive than that one there. _____

N. *Complete, using a relative clause with or without a preposition.*

1. Das ist ein Film, _____ .

2. Die Musik, _____ ,

gefällt mir am besten.

3. Das Buch, _____ ,

war nicht interessant.

4. Mein Hauptfach, _____ ,

war Chemie.

O. **Reading comprehension.** *Read the following passage and then answer the questions in English. Incorporate elements from the question in your answer to show that you have understood the question.*

> Viele Ausländer verstehen das Wort „Hochdeutsch" falsch. Das Wort „hoch" in „Hochdeutsch" bedeutet das Deutsch, das man in dem Teil Deutschlands sprach, wo das Land „hoch" ist, also im Süden, wo es hohe Berge gibt. Der Norden ist das Tief- oder Niederland (*lowlands*). Dort sprach man „Niederdeutsch", auch „Plattdeutsch" genannt. Die Sprache des Südens wurde später zur Standardsprache für ganz Deutschland. Heute bedeutet „Hochdeutsch" die deutsche Schriftsprache im Gegensatz (*contrast*) zu den Dialekten, wie zum Beispiel Bayrisch, Sächsisch, Plattdeutsch, Schwäbisch, usw.

1. Wie verstehen viele Ausländer das Wort „Hochdeutsch"? _____

_____

2. Wie ist das Land im Süden Deutschlands? _____

_____

3. Warum heißt die Sprache im Norden „Niederdeutsch"? _____

_____

4. Welche Sprache wurde zur Standardsprache? _____

_____

5. Was bedeutet „Hochdeutsch" heute? _____

_____

P. *Complete with the German equivalent of the English cue.*

1. Hier ist mein Regenmantel. Wo ist _____?

yours (familiar)

2. Ist das mein Platz oder _____?

yours (familiar)

3. Hast du Geld? Ich habe _____.

none

4. Wir sprechen nicht von dem Auto hier, sondern von _____ dort.

that one

5. Ich wohne bei Familie Schmidt. Bei _____ wohnen Sie?
   which one

6. Haben Sie einen Bleistift? Ich habe _____ vergessen.
   mine

7. Karl Kraus ist mein Kandidat als Präsident. Für _____ bist du?
   which one

Q. *Complete with the correct form of the cued pronoun.*

1. (dein-) Hier steht mein Auto, aber wo ist denn _____?

2. (dies-) Wir haben unsere Bücher, aber wem gehört denn _____?

3. (Ihr-) Das ist meine Telefonnummer, und was ist denn _____?

4. (dein-) Ich verkaufe meinen Volkswagen, und was machst du mit _____?

5. (kein-) Ich habe kein Geld, und er hat auch _____.

6. (unser-) Das ist Ihr Platz, und der hier ist _____!

7. (ihr-, *hers*) Mein Freund heißt Bubi, und wie heißt _____?

R. *Complete with statements that apply to your own experience. (The suggestions below may give you some ideas.)*

1. Ein Jobinterview macht mir immer Angst, weil _____

   _____

   _____

   _____

   ich Angst habe.
   ich nicht weiß, was ich sagen soll.
   ich wirklich nicht für diesen Job qualifiziert bin.
   ich kein Deutsch kann.
   die Fragen mir auf die Nerven gehen.
   ich die Nase voll habe.

2. Ein Jobinterview macht mir keine Angst, weil _____

   _____

   _____

   _____

   ich weiß, was ich will.
   ich es auf die leichte Schulter nehme.

ich für den Job qualifiziert bin.

ich lebe, um zu arbeiten und nicht arbeite, um zu leben.

ich einen B.A. habe.

der Cousin meiner geschiedenen Mutter (meines geschiedenen Vaters)

der Onkel des Direktors dieser multinationalen Firma ist.

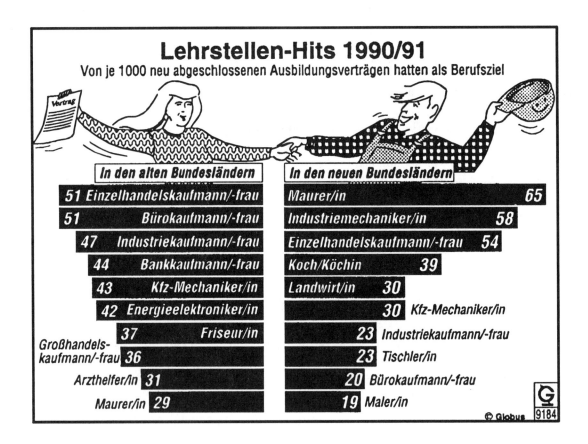

S. *Fragen*

Wo sind in Deutschland die Jobs? Wo würden Sie sich bewerben? Ich würden mich als

_____ oder _____ bewerben.

Kapitel **14**

Selbsttest

▶ Dialog

Translate the underlined expressions.

1. <u>Was darf es sein?</u>   —What may I bring you?
2. Was <u>empfehlen</u> Sie heute?   —recommend
3. <u>Das schmeckt Ihnen bestimmt!</u>   —You will like (the taste) of that for sure!
4. Ich <u>möchte lieber</u> Fleisch.   —prefer
5. <u>Das stimmt so.</u>   —Keep the change

A. ▶ The past-perfect tense

6. The past-perfect tense is formed in the same way as the present-perfect tense, except that it uses the _____ tense of **haben** or **sein**.   —past
7. The past tense of **haben** is ich _____, du _____, etc.   —**hatte, hattest**
8. The past tense of **sein** is ich _____, du _____, etc.   —war, warst
9. The past perfect is formed with the past tense of **haben** or **sein** + the _____ _____.   —past participle
10. The past participle is not conjugated; that means it does not change its _____.   —form
11. The past perfect must be used when describing an event that took place before another _____ event.   —past

Supply the past tense of the auxiliary to complete the past perfect statement.

12. Er _____ schon Englisch gelernt, bevor er mit Russisch anfing.   —hatte
13. Bald nachdem er nach den USA gegangen _____ starb sein Vater.   —war

Supply the past participle of the cued verb.

14. (spielen) Sobald er Tennis _____ hatte, ging er ins Bett.   —gespielt

15. (sein) Er war schon im Geschäft sehr müde

   _____.   —gewesen

16. Hoffentlich war er nicht krank _____.   —geworden

In the following sentences, the conjugated verb is in the present perfect. What would the verb be in the past perfect?

17. Ich bin in einem neuen Kleid zur Partie gegangen.

   _____   —war...gegangen

18. Ich habe es mir in einer französichen Boutique gekauft.

   _____   —hatte...gekauft

19. Es ist sehr teuer gewesen. _____   —war...gewesen

20. Mein Vater hat mit mir geschimpft, aber viele Mädchen auf der Party
   haben mich beneidet. _____   —hatte...geschimpft
                                                                          —hatten...beneidet

21. In the past-perfect tense the separable prefix of a verb _____ (is/is
   not) joined with the stem verb in the past participle.   —is

Restate, transforming the verb into the past perfect.

22. Ich stand gestern um acht Uhr auf. Ich _____ .   —war gestern um acht
                                                                          Uhr aufgestanden

23. Er sagt, daß er gestern um acht Uhr anrief. Er sagt, daß _____ . —er gestern um acht Uhr
                                                                          angerufen hatte

24. Ich wußte nicht, daß du schon gestern angekommen bist. Ich wußte
   nicht, daß du _____ .   —schon gestern
                                                                          angekommen warst

25. Er fuhr schon vor einer Woche nach Dänemark ab. Er _____ .   —war schon vor einer
                                                                          Woche nach Dänemark
                                                                          abgefahren

B. ▶ Noun suffixes

26. Nouns formed with the suffixes **-ung**, **-heit**, **-keit**, and **-schaft** are always
   _____ in gender.   —feminine

27. They often correspond to the English suffixes _____, _____,
   _____, _____, _____, _____, and _____.   —-tion, -hood, -ing, -dom, -
                                                                          ity, -ness, -ship

Give the German equivalent and the definite article.

28. *freedom* _____   —die Freiheit
29. *cold* _____   —die Erkältung
30. *application* _____   —die Bewerbung
31. *childhood* _____   —die Kindheit
32. *friendship* _____   —die Freundschaft
33. *sickness* _____   —die Krankheit
34. Most nouns ending in **-tum** are _____ in gender.   —neuter
35. Two exceptions are _____ in gender.   —masculine

Give the German equivalent and the definite article.

36. *property*_____   —das Eigentum
37. *error*   _____   —der Irrtum
38. *wealth* _____   —der Reichtum
39. *growth* _____   —das Wachstum

C. ▶ More on inseparable prefixes

40. The seven most common inseparable prefixes are: _____, _____, _____, _____, _____, _____, and _____.
—be-, emp-, ent-, er-, ge-, ver-, zer-

41. _____ (No/Some) inseparable prefixes have an independent meaning.
—Some

42. The prefix be- turns _____ (a transitive/an intransitive) verb into _____ (a transitive/an intransitive) verb.
—an intransitive, a transitive

43. The prefix ent- usually suggests _____ (separation/combination).
—separation

44. The prefix er- usually denotes _____ (beginning/completion) of an action.
—completion

45. The prefix ver- may suggest something _____ (well done/gone wrong).
—gone wrong

46. The prefix zer- _____ (always/sometimes) denotes disintegration.
—always

47. Only three verbs use the inseparable prefix emp-. They are: *to receive* _____, empfehlen *to* _____, and *to feel* _____.
—empfangen, *recommend,* empfinden

48. **Laufen** means *to run;* **entlaufen** means to _____.
—*run away*

49. **Trinken** means *to drink;* **ertrinken** means to _____.
—*drown*

50. **Brechen** means *to break;* **zerbrechen** means to _____.
—*break to pieces*

Complete with the appropriate inseparable-prefix verb suggested by the context. Then give its English equivalent.

51. Hitler war „Der Führer", aber er hat das deutsche Volk _____.
—verführt (*misled*)

52. Bei Null Grad kann man frieren, aber bei minus 40 Grad kann man _____.
—erfrieren (*freeze to death*)

53. Es ist leicht, etwas zu kaufen, aber es ist nicht so leicht, etwas zu _____.
—verkaufen (*sell*)

54. Schlafen ist schön, aber _____ kann den Job kosten.
—verschlafen (*oversleeping*)

55. Revolver können schießen, aber nur Menschen können andere Menschen _____.
—erschießen (*shoot to death*)

56. Raten macht Spaß, aber _____ macht noch mehr Spaß!
—erraten (*to guess correctly*)

D. Cognates

57. Cognates are words in related languages that have the same _____ (origin/meaning).   *—origin*

58. There are _____ (seven/nine) consonant "sound shifts."   *—seven*

59. The English consonants that are related to German consonants are: _____, _____, _____, _____, _____, _____, and _____.   *—p, t, k, d, th, v, (f), y*

Give the corresponding cognate consonants in English.

60. German **f, ff, pf**   English _____   *—p*

61. German **z, ß**   English _____   *—t*

62. German **ch**   English _____   *—k*

63. German **t**   English _____   *—d*

64. German **d**   English _____   *—th*

65. German **b**   English _____   *—v, f*

66. German **g**   English _____   *—y*

Can you guess the English meaning of the following German cognates?

67. Pfennig _____, Zeit _____, backen _____   *—penny, tide, to bake*

68. das Ding _____, der Hund _____, der Stab _____   *—thing, hound, staff*

69. die Distel _____, der Apfel _____, der Tropfen _____   *—thistle, apple, drop*

70. der Witz _____, hoffen _____, das Salz _____   *—wit, to hope, salt*

71. kochen _____, die Leber _____, streben _____   *—to cook, liver, to strive*

72. das Kalb _____, das Leder _____, das Blatt _____   *—calf, leather, blade*

73. das Schwert _____, die Saat _____, der Fuß _____   *—sword, seed, foot*

Complete on the basis of the Lesestück.

74. Zwieback ist eine _____ (Art/Kunst) Brot.   *—Art*

75. Man wandert, um Land und Leute _____ (zu treffen/kennenzulernen).   *—kennenzulernen*

76. Kunstseide ist kein _____ (Ersatz/Gefühl) für echte Seide.   *—Ersatz*

77. „Kitsch" ist _____ (billige Scheinkunst/echtes Leder).   *—billige Scheinkunst*

78. In der Gestalt-Psychologie ist das Ganze mehr als die Summe seiner _____ (Weltanschauung/Teile).   *—Teile*

79. Wer nie Angst gehabt hat, _____ (lügt/ist freundlich).   *—lügt*

80. Wenn man einen Schnupfen oder eine Erkältung hat, muß man oft _____ (hineinfallen/niesen).   *—niesen*

E. ▶ Using **ein**-words and **der**-words as pronouns

81. Any ein-word or der-word may be used to replace a _____ (noun/
    verb).   —noun

82. When used as pronouns, ein-words and der-words have _____
    (primary/no) endings.   —primary

Complete the German equivalent with the appropriate pronoun.

83. *Is this your book? Yes, it is mine.*
    Ist das Ihr Buch? Ja, es ist _____.   —meins (*or*) meines

84. *I have a car. When will you buy one too?*
    Ich habe ein Auto. Wann kaufst du auch _____?   —eins (*or*) eines

85. *Do you have money? I have none.*
    Haben Sie Geld? Ich habe _____.   —keins (*or*) keines

86. *This is my umbrella. Whose is this one?*
    Dies (*or* Das) ist mein Regenschirm. Wem gehört
    _____?   —dieser

87. *I know (this girl/this boy). Which one do you know?*
    Ich kenne (dieses Mädchen/diesen Jungen).
    _____ kennst du?   —Welches/Welchen

88. *Is this my seat or yours?*
    Ist das mein Platz oder _____?   —Ihrer (*or*) deiner (*or*)
                                                                          eurer

89. *Can I use your car? Ours broke down.*
    Kann ich Ihren Wagen benutzen? _____ ist
    kaputt.   —Unsrer (*or*) Unserer

F. ▶ Using **ein**-words as pronouns

Complete with the correct form of the possessive pronoun (ein-word).

90. Ich habe meinen Schlüssel. Hast du _____?
    (*yours*)   —deinen

91. Er hat sein Geld bekommen, aber ich habe _____
    noch nicht bekommen. (*mine*)   —meines (*or*) meins

92. Mein Auto ist kaputt. Wir müssen mit _____
    fahren, Frau Schultz. (*yours*)   —Ihrem

93. Das Haus gehört nicht euren Eltern, sondern
    _____. (*ours*)   —unseren (*or*) unsren

94. Kennst du Fritz und Inge? Fritz ist nicht mein Bruder, sondern
    _____. (*hers*)   —ihrer

95. Kennst du Vicky und Rudolf? Die kleine Bertha ist nicht ihr Kind,
    sondern _____. (*his*)   —seins (*or*) seines

96. The indefinite article **ein** and its negative **kein** can
    _____ (also/never) be used as pronouns.   —also

Complete with the proper form of **ein** *or* **kein**.

97. Hast du einen Regenschirm (*umbrella*)? Ich habe leider
    _____.   —keinen

98. Er hat ein Auto und ich habe auch _____.   —eins (*or*) eines

99. Ich helfe diesem Kind. Willst du auch _____
    helfen?   —einem

Integrieren Sie den neuen Wortschatz

A. *Ergänzen Sie die Sätze.*

1. Man sagt Gesundheit, wenn jemand _____.

2. Bevor Kinder auf die Schule gehen, gehen sie in den _____.

3. Er hat keine bestimmte Religion, aber er hat eine _____ (*philosophy of life*).

4. Wolle, Baumwolle, Seide und _____ (*leather*) sind Naturstoffe.

5. Wer Physik studiert, ist (ein) _____ (*physicist*).

6. Wer gern sein Auto fährt, hat Fahrvergnügen. Wer gern lange wandert (=zu Fuß geht), hat

   _____.

7. Leute, die gern wandern, tragen oft einen _____.

8. Wer nicht die Wahrheit (*truth*) sagt, der _____.

9. Das Verb **finden** bedeutet *to find*, **erfinden** bedeutet *to* _____.

10. Das Verb **klären** bedeutet *to clarify*, **erklären** bedeutet *to* _____.

11. Das Verb **gründen** bedeutet *to found*, aber **der Grund** bedeutet _____.

    (The noun related to **gründen** is **die Gründung** (*founding, foundation*), and the verb related to **der**

    Grund is **begründen** (*to reason*).

B. *Ergänzen Sie die Sätze.*

   In einem guten Restaurant ist die _____ (*service*) schnell und freundlich. Der

   Ober (oder das Fräulein) bringt den Gästen zuerst die _____ (*menu*). Als

   Hauptgericht essen die Deutschen meistens Fleisch, Kartoffeln und _____ (*vegetables*). Zum _____ (*dessert*) essen sie vielleicht Kuchen oder Obst oder

_____ (*ice cream*). Ich frage meistens, was der Ober (das Fräulein)

_____ (*recommends*). Meistens _____ (*order*) ich Kochfisch

und frischen _____ (*salad*), und als Getränk _____ (*your

choice*) (Kostenloses Wasser bekommt man leider in Deutschland nicht!) _____

(*Salty*) Essen schmeckt mir nicht. Nach dem Essen ruft man den Ober und sagt:

„_____, _____!" (*Check, please!*) Er rechnet alles zusammen

und sagt: „Das _____ zusammen fünfundzwanzig Mark achtzig". Zehn Prozent

_____ (*tip*) ist inbegriffen (*included*), aber man gibt noch zwei bis fünf Mark

dazu. Wenn man kein Wechselgeld (*change*) haben will, sagt man: „Das _____

so!"

C. *Try to think of a word that means the opposite of those listed.*

    1. zu Ende sein _____

    2. die Kunst _____ [= *gaudy art*]

    3. unecht _____

    4. öffentlich _____ [= *secret(ly)*]

D. *Ergänzen Sie die Sätze.*

    1. Das Nomen zu dem Adjektiv gesund ist _____ _____.

    2. Das Nomen zu dem Verb fühlen ist _____ _____.

    3. Das Nomen zu dem Verb ersetzen ist _____ _____ (*substitute*).

Hör' zu . . . und antworte! Antwortbogen

Übung A. *Circle L (Logisch) or U (Unsinn)*

1. L U   2. L U   3. L U   4. L U   5. L U   6. L U

Übung B. *Write down the word that does not fit.*

1. _____   4. _____

2. _____   5. _____

3. _____   6. _____

Übung C. *Circle A, B, or C.*

1. A B C   4. A B C   7. A B C   10. A B C
2. A B C   5. A B C   8. A B C   11. A B C
3. A B C   6. A B C   9. A B C   12. A B C

Probetest

A. *Im Restaurant. Sie haben die Speisekarte gelesen und wollen bestellen. Sie sagen dem Kellner (der Kellnerin):*

    1. a) _____

       b) _____

    2. a) _____

       b) _____

B. *Sie bestellen keinen Nachtisch, weil _____.*

    1. _____

    2. _____

C. **Als ich ein Kind war.** *An wen und an was können Sie sich erinnern? Schreiben Sie zwei Sätze.*

    1. _____

    2. _____

D. *Translate the underlined expressions.*

    1. Der Führer <u>ist</u> zum Verführer <u>geworden</u>. _____

    2. Das Ganze <u>ist mehr als</u> die Summe seiner Teile. _____

    3. <u>Wie erklärt man</u> die Fremdwörter? _____

    4. In der Reklame <u>gibt es oft</u> Kitsch. _____

    5. <u>Wer viel wandert</u>, trägt diesen Sack auf dem Rücken. _____

    6. Sie hatte das Kleid schon <u>anprobiert</u>. _____

E. *Restate, putting the verb into the past perfect.*

  1. Er denkt immer nur an Geld.

     _____

  2. Während unserer Ferien ist das Wetter immer schlecht.

     _____

     _____

  3. Sie hat sich für Politik interessiert.

     _____

  4. Leider nahm mein Vater nie diese Tabletten.

     _____

F. *Express in German.*

  1. I had not known it. _____

  2. I have known it. _____

  3. I was there. _____

  4. I had been there. _____

G. *Complete with the correct word from the list below.*

Küche	Arm	während	ißt
Haus	Hund	weil	frißt
Fuß	Wolf	küßt	Schloß

  1. Rotkäppchen hat keine Angst vor dem großen bösen _____.

  2. Der Prinz findet Aschenputtel, weil sie den kleinsten _____ hat.

  3. Schneewittchen schläft, bis der Prinz sie wieder wach _____.

  4. Die sieben Zwerge helfen Schneewittchen, _____ sie schläft.

  5. Der böse Wolf _____ die Großmutter auf.

  6. Aschenputtel muß in der _____ arbeiten.

H. *Read, then answer the questions below in German.*

Nach dem Zweiten Weltkrieg wollten die Vereinigten Staaten den Menschen in Westdeutschland helfen. Ostdeutschland war natürlich gegen diese Hilfe aus dem kapitalistischen Amerika. Die amerikanische Regierung aber wollte den Deutschen zeigen, wie großzügig (*generous*) die Amerikaner sind. Und wie zeigte man das? Viele große Kisten (*crates*) mit Maschinen und anderen Materialien aus Amerika kamen in Bremerhaven an. In den Zeitungen Westdeutschlands sah man viele Fotos davon. Auch in den ostdeutschen Zeitungen gab es Fotos von den Kisten. Aber unter den Fotos stand: „Kommentar überflüssig" (*not necessary, superfluous*). Für eine antikapitalistische Propaganda brauchte man keinen Kommentar: Auf jeder Kiste stand in großen schwarzen Buchstaben (*black letters*):

1. Was wollen die Vereinigten Staaten nach dem Krieg tun? _____

   _____

2. Was kam in Bremerhaven an? _____

   _____

3. Was sah man in vielen Zeitungen Westdeutschlands? _____

   _____

4. Warum war ein Kommentar in den Zeitungen Ostdeutschlands „überflüssig?" _____

   _____

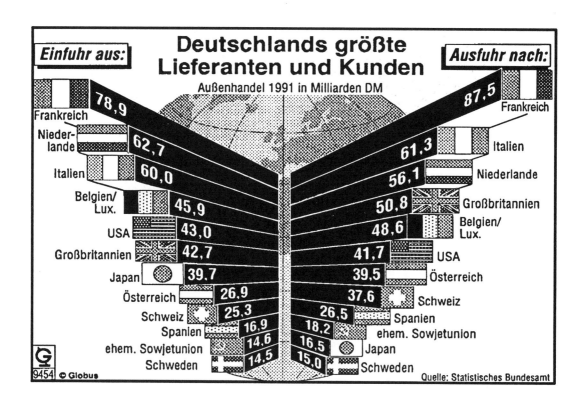

**Deutschlands größte
Lieferanten und Kunden**

Außenhandel 1991 in Milliarden DM

Einfuhr aus:

Frankreich	78,9
Niederlande	62,7
Italien	60,0
Belgien/Lux.	45,9
USA	43,0
Großbritannien	42,7
Japan	39,7
Österreich	26,9
Schweiz	25,3
Spanien	16,9
ehem. Sowjetunion	14,6
Schweden	14,5

Ausfuhr nach:

Frankreich	87,5
Italien	61,3
Niederlande	56,1
Großbritannien	50,8
Belgien/Lux.	48,6
USA	41,7
Österreich	39,5
Schweiz	37,6
Spanien	26,5
ehem. Sowjetunion	18,2
Japan	16,5
Schweden	15,0

Kapitel **15**

Selbsttest

▶ Dialog

Translate the underlined expressions.

1. <u>Wenn ich nur schon größer wäre!</u>

2. <u>Wenn ich nur mehr Geld hätte!</u>

3. <u>Wenn sie/er mich nur lieben würde!</u>

4. <u>Ich wünschte, es gäbe</u> keine Inflation.

5. <u>Hätte ich</u> nur mehr Zeit!

6. <u>Wären wir doch</u> schon pensioniert!

—If only I were bigger already!

—If only I had more money!

—If only she/he loved me!

—I wish there were

—If I had

—If only we were

A. ▶ The general subjunctive

7. The indicative mood describes _____.

8. The subjunctive mood often communicates _____.

9. The "unreality" communicated by the subjunctive may be wishes, _____, _____, and _____.

10. The subjunctive has _____ (two/six) time frames.

11. One time frame functions for the present or the _____, the other for the _____.

12. The English subjunctive form that corresponds to *I know* is *I* _____; for *I will* is *I* _____; for *I can* is *I* _____.

13. The general subjunctive of weak verbs in the present/future time frame uses the same forms as those of the indicative _____ tense.

14. The general subjunctive of a weak verb can therefore only be distinguished from the past indicative by the _____ (ending/context).

—reality

—unreality

—suppositions, conjectures, conditions contrary to fact

—two

—future, past

—knew, would, could

—past

—context

Complete the English equivalent.

15. Wenn ich Geld hätte, kaufte ich mir ein Auto. *If I* _____ *money, I* _____ *myself a car.*

—had, would buy

16. Vor der Inflation kaufte ich mir alle vier Jahre ein neues Auto. *Before the inflation, I _____ a new car every four years.*   —bought (myself)

17. Letztes Jahr rauchtest du viel mehr. *Last year you _____ much more.*   —smoked

18. Ich dachte, du rauchtest jetzt nicht mehr. *I _____ you no longer _____.*   —thought, smoked

19. The general subjunctive of mixed and strong verbs, as well as of weak verbs, is derived from the _____ (present/past) tense.   —past

20. The personal endings for the general subjunctive of weak, mixed, and strong verbs are _____ (different from/the same as) those of the past tense.   —the same as

21. In general subjunctive, the two differences between weak verbs and mixed verbs on the one hand, and strong verbs on the other, are: Strong verbs have no dental suffix _____ between the stem and the personal ending.   —-t-

22. Strong and mixed verbs _____ the stem vowel when it is **a**, **o**, or **u**.   —umlaut

23. The personal endings of both the indicative past tense and the general subjunctive are: _____, _____, _____, _____, _____, _____.   —-e, -est, -e, -en, -et, -en

24. The **-e-** is often omitted in the _____-form and the _____-form of strong verbs.   —du, ihr

Supply the missing forms.

INFINITIVE	PAST TENSE	GENERAL SUBJUNCTIVE	
25. haben	ich _____	ich _____	—hatte, hätte
26. sein	er _____	er _____	—war, wäre
27. machen	du _____	du _____	—machtest, machtest
28. sprechen	wir _____	wir _____	—sprachen, sprächen
29. können	sie (*they*) _____	sie _____	—konnten, könnten
30. gehen	ihr _____	ihr _____	—gingt, ginget

Complete with the appropriate general subjunctive form of the cued infinitive.

31. (spielen) Wenn er doch nur besser _____!   —spielte

32. (sein) _____ du nur immer so pünktlich wie heute!   —Wärest

33. (vergessen) Wenn ich nur nicht immer die Antwort _____!   —vergäße

34. (denken) Wenn Karl nur nicht so schlecht von mir _____!   —dächte

35. (haben) Wenn wir doch nur schönes Wetter _____!   —hätten

36. (bekommen) Wenn ihr nur nicht so viele Hausaufgaben _____!   —bekämet

B. ▶ **Würde** + infinitive as an alternative to the subjunctive

37. The verb from which **würde** is derived is _____.   —werden

38. Any form of **würde** always corresponds to English _____.   —would

39. There is a growing tendency in German to use **würde** plus the _____ as an alternative to the subjunctive.   —infinitive

40. This is especially so in spoken German in the _____ (hypothesis/conclusion) clause.

—conclusion

Replace the general subjunctive of the conclusion clause with **würde** + *infinitive.*

41. Wenn der Staubsauger nicht so laut wäre, kaufte ich ihn. Wenn der Staubsauger nicht so laut wäre, _____ _____ _____ _____.

—würde ich ihn kaufen

42. Wenn er nicht immer so hungrig wäre, äße er weniger. Wenn er nicht immer so hungrig wäre, _____ _____ _____ _____.

—würde er weniger essen

43. Du gingest zu Fuß, wenn das Benzin viel teurer wäre. _____ _____ _____ _____ _____, wenn das Benzin viel teurer wäre.

—Du würdest zu Fuß gehen

44. Wenn Ihnen unser neuer Deodorant-Spray nicht gefiele, täte es uns sehr leid. Wenn Ihnen unser neuer Deodorant-Spray nicht gefiele, _____ _____ _____ _____ _____.

—würde es uns sehr leid tun

Change the **würde**-*clause into a clause using the general subjunctive.*

45. Wenn Sie unsere Hautcreme (*skin cream*) täglich verwendeten, würden Sie schöner aussehen. Wenn Sie unsere Hautcreme täglich verwendeten, _____ _____ _____ _____.

—sähen Sie schöner aus

46. Wenn er nicht lebte, um zu essen, würde er gesünder sein. Wenn er nicht lebte, um zu essen, _____ _____ _____.

—wäre er gesünder

C. ▶ Time and tense in the subjunctive

47. The statement **Wenn er Geld hätte, ginge er auf Ferien** indicates that if he had money, he would go on vacation _____ (now/sometime in the future/now or sometime in the future).

—now or sometime in the future

48. When the general subjunctive is used to express conditions that refer to the past, it is formed by combining **hätte** or _____ with the past participle.

—wäre

Complete with the proper form of **haben** *or* **sein.**

49. Ich _____ den Job bekommen, wenn ich das Abitur gehabt _____.

—hätte, hätte

50. _____ Sie pünktlich gewesen, Herr Schuster, dann _____ Sie die Stelle bekommen.

—Wären, hätten

51. Ja, Frau Hartwig, wenn ich das gewußt _____, dann _____ ich schneller gefahren.

—hätte, wäre

Restate, changing the present/future time frame to the past time frame of the general subjunctive.

52. Wenn unser Basketball Team besser spielte, würde es das Spiel gewinnen. Wenn unser Basketball Team besser _____ _____, _____ es das Spiel _____.

—gespielt hätte, hätte...gewonnen

53. Ich würde Biologie studieren, wenn dieses Fach nicht so schwer wäre. Ich _____ Biologie _____, wenn dieses Fach nicht so schwer _____ _____.

—hätte...studiert, gewesen wäre

54. Wenn Norbert das wüßte, würde er gern kommen. Wenn Norbert das _____ _____, _____ er gern _____.

—gewußt hätte, wäre...gekommen

D. ▶ Subjunctive after **als ob** and **als wenn**

55. The conjunctions **als ob** and **als wenn** always require _____ (VS/VL) position of the verb.

—VL

56. **Als ob** and **als wenn** always require the general subjunctive or _____ + _____.

—würde + the infinitive

Ergänzen Sie die Sätze.

57. Mein Freund tat, als ob er kein Geld _____.

—hätte

58. Das Kind sah aus, als wenn es gleich weinen _____.

—würde

E. ▶ Omission of **wenn**

59. When **wenn** is omitted at the beginning of a hypothesis clause, the word order changes to _____ (Verb-Last/Verb-Subject/Subject-Verb) word order.

—Verb-Subject

60. In the conclusion clause, the words _____ or _____ may or may not be used.

—so, dann

Restate, omitting wenn.

61. Wenn wir nicht auf dem Mond gelandet wären, dann könnten die Kinder noch glauben, er wäre ein Stück grüner Käse.

_____

dann könnten die Kinder noch glauben, er wäre ein Stück grüner Käse.

—Wären wir nicht auf dem Mond gelandet,

62. Wenn wir mehr Geld für Umweltschutz ausgäben, dann gäbe es weniger Umweltschmutz.

_____

_____,

dann gäbe es weniger Umweltschmutz.

—Gäben wir mehr Geld für Umweltschutz aus,

Auf englisch bitte.

63. Wären Heinz und Inge nicht so spät gekommen, so hätten sie Gerhard hier getroffen.

   _____

   _____

   —*If Heinz and Inge had not come so late, they would have met Gerhard here.*

64. Hätte Petra um Hilfe gerufen, hätte man sie schneller gefunden.

   _____

   _____

   —*If Petra had called loudly for help, they would have found her more quickly.*

65. Ich würde schon wieder Fußball spielen, hätte ich mir nicht das Bein gebrochen.

   _____

   _____

   —*I would already be playing soccer gain if I hadn't broken my leg.*

66. Könnte ich Ulrike diese schöne Wohnung zeigen, dann würde sie vielleicht die Miete nicht zu hoch finden.

   _____

   _____

   —*If I could show Ulrike this nice apartment, then perhaps she would find that the rent is not too high.*

F.   Subjunctive of politeness

Change the request into a more polite form by using the subjunctive.

67. Haben Sie noch etwas Zeit? _____ noch etwas Zeit?   —Hätten Sie

68. Werden Sie mir helfen? _____ mir helfen, bitte?   —Würden Sie

69. Darf ich Sie um etwas bitten? _____ Sie um etwas bitten?   —Dürfte ich

70. Kannst du mir zehn Mark schicken? _____ mir zehn Mark schicken?   —Könntest du

Complete in German.

71. *Be so good as to help me. (less polite)*

   _____, und helfen Sie mir.   —Sind Sie so gut

72. *Would you be so good as to help me? (very polite)*

   _____, mir zu helfen?   —Wären Sie so gut

73. *Do you have a telephone? (less polite)*

   _____ ein Telefon?   —Haben Sie

74. *Would you have a telephone? (very polite)*

   _____ ein Telefon?   —Hätten Sie

Integrieren Sie den neuen Wortschatz

A. *Ergänzen Sie.*

1. Zwischen den Bergen liegen _____.

2. Ich möchte mir gern dein Auto leihen. _____ du es mir bitte?

3. Unsere Kinder streiten sich (*fight*) immer. Sie sind wie _____ und Katze!

4. Bitte, _____ (*stick*) die Briefe in den Briefkasten!

5. Wenn jemand mir etwas tun will, rufe ich laut um _____.

6. Sieh mal! (*look!*) = _____ mal!

B. *Sie kennen schon die Wörter in der linken Spalte (column). Wörter in der rechten Spalte gehören zur selben Wortfamilie. Bilden Sie einen Satz mit diesen neuen Wörter.*

1. wissen   a) die Wissenschaft (*science*)
               b) der Wissenschaftler (*scientist*)

a) _____

b) _____

2. essen   a) fressen (*to eat, said of animals*)

a) _____

3. rufen (*ohne Telefon*)   a) an•rufen (*to call on the telephone*)
                             b) der Anruf (*telephone call*)

a) _____

b) _____

4. das Glück   a)   glücklich (*happy*)

a) _____

5. möglich   a)   die Möglichkeit (*possibility*)

a) _____

Hör' zu . . . und antworte! Antwortbogen

Übung A. *Circle A or B.*

    1. A B   2. A B   3. A B   4. A B   5. A B   6. A B

Übung B. *Circle R (Richtig) or F (Falsch).*

    1. R F   3. R F   5. R F   7. R F

    2. R F   4. R F   6. R F   8. R F

Übung C. *Circle A, B, or C. More than one answer may be correct.*

    1. A B C   7. A B C   13. A B C   18. A B C

    2. A B C   8. A B C   14. A B C   19. A B C

    3. A B C   9. A B C   15. A B C   20. A B C

    4. A B C   10. A B C   16 A B C   21. A B C

    5. A B C   11. A B C   17. A B C   22. A B C

    6. A B C   12. A B C

Probetest

A. **Was würdest du tun...?** *(a) Frage deinen Partner (deine Partnerin), was er/sie tun würde, wenn _____, und (b) er/sie antwortet: ich würde _____.*

    1. a) Was würdest du tun, _____

       b) Ich _____

    2. a) _____

       b) _____

B. **Wünsche und Antworten.**

    Beispiel: (a) Ich wünschte, ich hätte viel Geld.
              (b) Ja, dann könnte ich viel reisen.

    1. a) Ich wünschte _____

       b) Ja, _____

    2. a) Ich wünschte, _____

       b) Ja, dann _____

C. **Wenn ich du wäre, würde ich _____.** Sie geben Ihrem Freund (Ihrer Freundin) Ratschläge (advice).

    1. _____

    2. _____

D. **Sehr höflich—mit dem Konjunktiv.** *Make three requests. (Use the subjunctive forms of können, dürfen, werden.)*

    Beispiel: Dürfte ich noch ein Stück Kuchen nehmen?

    1. _____

2. _____

3. _____

E. *Translate the underlined expressions.*

    1. <u>Schämen Sie sich!</u> _____

    2. <u>Es gäbe</u> heute keine Atombombe. _____

    3. <u>Ich ginge schnell</u> nach Hause. _____

    4. Ich würde so tun, <u>als hätte ich nichts gesehen.</u> _____

    5. <u>Sie behielte den Hund.</u> _____

    6. <u>Was hätten Sie</u> in dieser Situation <u>getan?</u> _____

    7. <u>Ich wäre fortgegangen,</u> um Hilfe zu holen. _____

F. *Complete.*

    1. In the subjunctive, weak verbs add _____ between the stem and the ending.

    2. The endings of the general subjunctive of weak verbs are the same as those of

    _____.

    3. Strong verbs signal their subjunctive by an _____ on the form of the past tense

    if they have the same stem vowel _____, _____, or _____.

    4. All verbs have _____ endings in the general subjunctive.

    5. A substitute for the subjunctive is _____.

    6. The past tense frame of the general subjunctive is formed with _____ and

    _____.

    7. When **wenn** is omitted in a hypothesis clause, the word order must be _____.

G. *Express in German, using the general subjunctive.*

    1. I wish you were here. _____

    2. He acted as if he had money. _____

3. If only I had time! _____

4. I wish I knew everything. _____

H. *Rewrite, putting the verbs into the general subjunctive.*

    1. Wenn ich Zeit habe, komme ich zu dir.

    _____

    2. Wenn es keine Inflation gibt, geht alles besser.

    _____

    3. Wenn ich zu Hause bin, bin ich glücklich.

    _____

    4. Es ist gut, wenn Sie mir helfen können.

    _____

    5. Ich freue mich, wenn ich mitgehen darf.

    _____

    6. Wenn ich Geld habe, kaufe ich es.

    _____

Kapitel **16**

Selbsttest

▶ Dialog

Translate the underlined expressions.

1. <u>Im Witz darf vieles gesagt werden.</u>
                    —In jokes many things may be said.

2. <u>Wollen Sie schon gehen?</u>
                    —Do you want to leave already?

3. <u>Wie siehst du denn aus?</u>
                    —How strange you look!

4. Da <u>kann man sich</u> über die Politiker <u>lustig machen.</u>
                    —one can make fun of

5. Viele Witze <u>wurden</u> heimlich <u>erzählt.</u>
                    —were told

6. Es gibt <u>verschiedene Arten von</u> Witzen.
                    —different kinds of

7. <u>Er ist verhaftet worden.</u>
                    —He was (has been) arrested.

A. ▶ The passive voice

Are the following statements in the active voice or the passive voice?

8. *The police arrest the criminal.* _____
                    —active

9. *The criminal is arrested by the police.* _____
                    —passive

10. Die Polizei verhaftet den Verbrecher. _____
                    —active

11. Der Verbrecher wird von der Polizei verhaftet. _____
                    —passive

12. In English the passive voice is formed by using the verb _____ with the _____ _____ of the main verb.
                    —*to be*, past participle

13. The agent is cited in English in a prepositional phrase with _____.
                    —*by*

14. In German the verb corresponding to English *to be* as the auxiliary in the passive voice is _____.
                    —werden

15. In German the preposition used is _____.
                    —von

16. In addition to the auxiliary and the preposition, the third element of the passive construction in both German and English is the _____ _____.
                    —past participle

Give the three elements that constitute the passive voice in these statements.

17. Die Reklame wird von vielen Leuten gelesen. _____, _____, _____
                    —wird, von, gelesen

18. Ist es wahr, daß viele Witze von Deutschen erzählt werden? _____,
    _____, _____.   —von, erzählt, werden

19. In a main clause, the element of the passive voice that stands last is the
    _____ _____.   —past participle

20. In a dependent clause, the last element is the _____ _____.   —conjugated verb

21. The preposition **von** introduces the _____ (agent/object).   —agent

22. The preposition von, used to introduce the agent, requires that the
    _____ case be used.   —dative

23. The agent _____ (is always/may not always be) expressed.   —may not always be

Restate, omitting the agent.

24. Das Buch wird von mir gekauft. _____ _____ _____ _____   —Das Buch wird gekauft

Restate, adding the cued agent.

25. (der Professor) Die Studenten werden gefragt. Die Studenten _____
    _____ _____ _____ _____.   —werden von dem
                                                                             Professor gefragt

26. In the passive voice, _____ (the past participle/**werden**) changes its
    form according to person.   —werden

Supply the proper form of **werden**.

27. Du _____ heute eingeladen. (*You are invited today.*)   —wirst

28. Wann _____ Sie eingeladen?   —werden

29. Ich _____ oft eingeladen.   —werde

30. Wann _____ ihr eingeladen?   —werdet

31. Warum _____ sie nicht eingeladen?   —wird (*or*) werden

Complete the passive statements.

32. Die Sekretärin ruft Herrn Schuster ins Büro.
    Herr Schuster _____ von _____ _____ ins Büro _____.   —wird, der Sekretärin,
                                                                             gerufen

33. Frau Hartwig fragt ihn über seinen Lebenslauf.
    Er _____ von _____ _____ über seinen Lebenslauf _____.   —wird, Frau Hartwig,
                                                                             gefragt

34. Sie stellt ihm viele Fragen.
    Viele Fragen _____ ihm von
    _____ _____.   —werden, ihr gestellt

35. Er beantwortet alle Fragen.
    Alle Fragen _____ von
    _____ _____.   —werden, ihm
                                                                             beantwortet

Answer the question, using the passive voice.

36. Von wem wird Herr Schuster interviewt? (Frau Hartwig)
    Herr Schuster _____ _____ _____ _____ _____ .

—wird von Frau Hartwig interviewt

37. Von wem werden die Abiturienten geprüft (*examined*)?
    (die Professorin) Die Abiturienten _____ _____ _____
    _____ _____ .

—werden von der Professorin geprüft

Restate, using the passive voice.

38. Ich bezahle die Rechnung.

    _____

—Die Rechnung wird von mir bezahlt.

39. Wir gewinnen das Basketballspiel.

    _____

—Das Basketballspiel wird von uns gewonnen.

40. Die Biologielehrerin kritisiert dich.

    _____

    _____

—Du wirst von der Biologielehrerin kritisiert

41. Die Baufirma braucht viele Arbeiter.

    _____

    _____

—Viele Arbeiter werden von der Baufirma gebraucht.

B. ▶ Tenses in the passive voice

42. The passive voice is used in _____ (some/all) tenses. — all

43. In the past passive, **werden** becomes _____ . — wurden

44. In the present-perfect and past-perfect passive, **werden** becomes
    _____ _____ . — ist/war...worden

45. In the future passive, werden _____ (changes/does not change). — does not change

46. In all the tenses, the past participle _____ (changes/stays the same). — stays the same

*Supply the correct form of **werden** in the tense indicated.*

47. (*present*) Mein Lebenslauf _____ gelesen. — wird

48. (*past*) Mein Lebenslauf _____ gelesen. — wurde

49. (*present perfect*) Mein Lebenslauf ist gelesen
    _____ . — worden

50. (*past perfect*) Mein Lebenslauf war gelesen _____.   —worden

51. (*future*) Mein Lebenslauf wird gelesen _____.   —werden

Complete the passive statement in the tense indicated. Use the verb.

vorschlagen (ä), u, a, (*to suggest*).

52. (*present*) Ein paar Verbesserungen _____ von dem
Professor _____.   —werden, vorgeschlagen

53. (*past*) Ein paar Verbesserungen _____ von dem
Professor _____.   —wurden, vorgeschlagen

54. (*present perfect*) Ein paar Verbesserungen _____
von dem Professor _____
_____.   —sind, vorgeschlagen worden

55. (*past perfect*) Ein paar Verbesserungen _____ von
dem Professor _____ _____.   —waren, vorgeschlagen worden

56. (*future*) Ein paar Verbesserungen _____ von dem
Professor vorgeschlagen _____.   —werden, werden

Complete in the tense indicated.

57. Ich werde von allen beneidet. (*present perfect*) Ich _____ von allen
_____ _____.   —bin, beneidet worden

58. Durch den Umweltschutz sind große Fortschritte (*steps forward =
progress*) gemacht worden. (*past perfect*) Durch den Umweltschutz
_____ große Fortschritte _____ _____.   —waren, gemacht worden

59. Neue Planeten sind entdeckt worden. (*future*) Neue Planeten _____
_____ _____.   —werden entdeckt werden

Complete the German equivalent.

60. *It's getting serious.* Es _____ ernst.   —wird

61. *It will soon become serious.* Es _____ bald ernst _____.   —wird, werden

62. *I will do the job.* Ich _____ die Arbeit machen.   —werde

63. *The job is being done by me.* Die Arbeit _____ _____ _____
_____.   —wird von mir gemacht

64. *He is being called on the phone.* Er _____ _____.   —wird angerufen

65. *When the agent is not a person, von is replaced by* _____ *or*
_____.   —durch, mit

Supply **von, durch,** or **mit** to indicate the agent.

66. Der Brief wurde _____ der Schreibmaschine geschrieben.   —mit

67. Das Buch wurde _____ einem Amerikaner geschrieben.   —von

68. Der Virus wurde _____ unsere Forschung (*research*) entdeckt.   —durch

C. ▶ Using **man** as a substitute for the passive

69. The **man**-construction _____ (expresses/does not express) the same meaning as the passive construction.

—expresses

Give the English equivalents.

70. Hier wird Deutsch gesprochen. _____

—_German is spoken here._

71. Man spricht hier Deutsch. _____

—_One speaks German here._

Restate the passive statements, using a **man**-construction or vice versa.

72. Viel Zeit wurde verloren.

_____

—Man verlor viel Zeit.

73. Ein neues Buch wird veröffentlicht (_published_).

_____

—Man veröffentlicht ein neues Buch.

74. Man repariert das Auto.

_____

—Das Auto wird repariert.

75. Man hat ein neues Haus gebaut.

_____

—Ein neues Haus ist gebaut worden.

D. ▶ The passive with modals

76. The passive with a modal auxiliary consists of the modal plus the _____ _____ plus the infinitive _____.

—past participle, **werden**

77. In this construction, _____ (the modal/**werden**) changes according to the person and tense.

—the modal

Supply the missing elements suggested by the context.

78. Die Schule muß sofort gebaut _____.

—werden

79. Die Schulen _____ sofort gebaut werden.

—müssen

80. Keine Kernkraftwerke dürfen _____ _____.

—gebaut werden

81. Nach der Explosion _____ keine Kernkraftwerke _____ werden.

—durften, gebaut

Rewrite the sentence, using the cued modal. Use the appropriate person and tense.

82. Politische Witze werden nicht erzählt. (dürfen)

_____

_____

—Politische Witze dürfen nicht erzählt werden.

83. Fritz wurde nicht von der Gestapo verhaftet. (wollen)

_____

_____

—Fritz wollte nicht von der Gestapo verhaftet werden.

84. Österreich wird 1955 wieder unabhängig. (sollen)

_____

_____

—Österreich soll 1955 wieder unabhängig werden.

85. Die österreichischen „Brücker" zwischen Ost und West werden gebaut. (können)

Man weiß, daß _____

_____

_____

—die österreichischen "Brücken" zwischen Ost und West gebaut werden können.

86. Alle Staatsbürger der „Ostmark" wurden befreit. (müssen)

_____

_____

—Alle Staatsbürger der "Ostmark" mußten befreit werden.

87. Diese Frage wurde nicht beantwortet. (können)

_____

_____

—Diese Frage konnte nicht beantwortet werden

88. Dieses Dilemma wird gelöst werden. (können)

_____

_____

—Dieses Dilemma kann gelöst werden.

The following items are based on the Lesestück from Chapter 16. Complete each sentence with the correct word.

89. Österreich will eine _____ (Großmacht/Brücke/Hauptstadt) sein.

—Brücke

90. Liechtenstein wird noch heute von einem _____ (Kanton/Politiker/Fürsten) regiert.

—Fürsten

91. Während der Hitlerzeit waren alle Österreicher _____ (deutsche Staatsbürger/österreichische Staatsbürger/ohne Staatsbürgerschaft).

—deutsche Staatsbürger

92. Nach dem Zweiten Weltkrieg wurde Österreich _____ (annektiert/mobilisiert/befreit). _____

—befreit

93. Im Kanton Graubünden spricht man _____ (Französich/Rätoromanisch/Italienisch).

—Rätoromanisch

94. Die Schönheit der Schweiz bringt Millionen von _____ (Rohstoffen/Soldaten/Touristen) ins Land.

—Touristen

95. In Liechtenstein werden _____ (wenig/keine/viel) Steuern verlangt.

—wenig

Integrieren Sie den neuen Wortschatz

A. *Ergänzen Sie.*

1. Diese Stadt hat 100 000 _____ (*inhabitants*). Zehn Prozent sind

   _____ (*foreigners*).

2. Jeder Bürger muß dem Staat _____ (*taxes*) zahlen.

3. Gold hat hohen _____ (*value*).

4. Die deutsche _____ (*economy*) ist stark.

5. Machen sie keine _____ (*jokes*)! Die Sache ist ernst.

6. Machst du dich über _____ (*me*) lustig?

7. Ich trage heute meinen Wintermantel. Du _____ (*put on*) auch einen warmen

   Mantel _____.

B. *Ergänzen Sie die Lücken.*

1. Nomen: die Grenze   = *border*   Verb: grenzen an = *to border on*

           die Regierung = _____   Verb: _____ = _____

           das Interview = _____   Verb: _____ = _____

           die Politik   = _____   Adjektiv: _____ = _____

2. Verben: sparen   = _____   Adjektiv: _____ = *thrifty*

           schließen   = *to close, lock* Verb: sich anschließen = _____

           passen   = *to fit*   Verb: aufpassen = _____

3. Ich stelle **mich** vor = I am introducing myself

Ich stelle **mir** vor,... = I am _____

4. das Jahr (*year*); das Jahrzehnt (*decade*); das _____ (*century*)

C. *Ergänzen Sie die Lücken.*

1. Welche anderen Wörter beginnen mit **Haupt-**?

Hauptstadt, Hauptpost, Haupt_____, Haupt_____

2. Das Wort **Karte** hat verschiedene Bedeutungen. Es kann *card*, *ticket* oder _____

bedeuten. Wenn die Bedeutung aus dem Zusammenhang (*context*) klar ist, genügt (*suffices*) das Wort

Karte. Wenn nicht, verwendet man ein zusammengesetztes (*compound*) Nomen, wie **Fahrkarte,**

Theaterkarte, Postkarte, Landkarte.

3. Sie kennen die Wörter der **Kinderarzt** = _____ und der **Zahnarzt** =

_____. Raten Sie! Was bedeutet der **Augenarzt** _____, der

Frauenarzt _____, der **Facharzt** für innere Krankheiten

_____?

D. *Schreiben Sie zu jedem Wort ein Wort von gegenteiliger (opposite) Bedeutung.*

	DAS GEGENTEIL		ENGLISCH
1. ehrlich	*unehrlich*	=	*dishonest*
2. faul (*lazy*)	_____	=	_____
3. glücklich	_____	=	_____
4. schwer	_____	=	_____
5. hoch (*high*)	_____	=	_____
6. abhängig	_____	=	_____
7. genau	_____	=	_____
8. labil	_____	=	_____
9. plattdeutsch	_____	=	_____

Hör' zu . . . und antworte! Antwortbogen

Übung A. *Circle R (Richtig) or F (Falsch).*

1. R F	5. R F	9. R F	13. R F	17. R F	21. R F
2. R F	6. R F	10. R F	14. R F	18. R F	22 R F
3. R F	7. R F	11. R F	15. R F	19. R F	
4. R F	8. R F	12. R F	16. R F	20. R F	

Übung B. *Circle A, B, or C. More than one answer may be correct.*

1. A B C	8. A B C	15. A B C
2. A B C	9. A B C	16. A B C
3. A B C	10. A B C	17. A B C
4. A B C	11. A B C	18. A B C
5. A B C	12. A B C	19. A B C
6. A B C	13. A B C	20. A B C
7. A B C	14. A B C	21. A B C

Übung C. *Circle A, B, or C.*

1. A B C	4. A B C	7. A B C	10. A B C
2. A B C	5. A B C	8. A B C	
3. A B C	6. A B C	9. A B C	

Probetest

A. *Geben Sie Information über ein Land, das Sie gut kennen oder kennenlernen möchten. (You may use your textbook or other references.)*

1. Name des Landes: _____

2. Einwohnerzahl: _____

3. Sprache: _____

4. Landschaft: _____

5. Religion: _____

6. Regierungsform: _____

7. Wirtschaft: _____

B. *Was wird heute auf dem Campus gemacht? Schreiben Sie vier kurze Sätze im Passiv.*

1. (Sprechstunden halten) _____

2. (Diskussionen führen) _____

3. (Vorlesungen halten) _____

4. (Partys planen) _____

C. **Historische Daten.** *Schreiben Sie drei Sätze im Perfekt (present perfect).*

1. (1895/Röntgenstrahlen/Dr. Röntgen/erfinden)

_____

2. (1945/Österreich befreien/Alliierten

_____

3. (1990/Deutschland/vereint)

_____

D. Wie sind Sie? *Charakterisieren Sie mit je einem Satz die _____.*

1. Die Schweizer _____

2. Die Österreicher _____

3. Die Liechtensteiner _____

E. *Translate the underlined expressions.*

1. <u>Seit 1924 wird</u> in Liechtenstein mit Schweizer Franken <u>bezahlt.</u> _____

_____

2. Viele Leute <u>möchten Staatsbürger von Liechtenstein werden.</u> _____

_____

3. Nach dem Zweiten Weltkrieg <u>wurde Österreich wieder ein unabhängiges Land.</u> _____

_____

4. Deutsch <u>wird</u> in 22 Kantonen <u>gesprochen.</u> _____

_____

5. <u>Österreich bekam einen neuen Namen.</u> _____

_____

6. Die Wehrpflicht <u>ist schon immer</u> von den Schweizern <u>ernst genommen worden.</u> _____

_____

7. „Glücklich ist, wer vergißt, <u>was nicht mehr zu ändern ist.</u>" _____

_____

8. Österreich <u>will eine Brücke</u> zwischen den Ländern in aller Welt <u>sein.</u> _____

_____

F. *Complete.*

1. The passive voice is formed by combining _____

_____

_____

_____

_____

2. The three prepositions that may be the equivalent of English *by* in the passive are

_____, _____, and _____.

3. The present perfect and past perfect of the passive voice are formed by combining the present or past

tense of _____ plus _____ plus _____.

4. The future passive is formed by combining _____

_____

5. A substitute for the passive is the _____-construction.

6. In a passive construction with a modal, the modal changes according to _____

and _____.

G. *Express in German using the passive voice.*

1. The letter was written by hand. _____

2. The house was built by my parents. _____

3. I am being interviewed by a reporter. _____

4. I'm doing the job. (The job is being done by me.) _____

5. She was doing the job. (The job was done by her.) _____

6. We did the job. (The job has been done by us.)_____

7. I am often called (on the phone). _____

8. We were called often._____

9. Austria was annexed (**annektiert**) by Hitler._____

H. *Rewrite, using* **man** *as substitute for the passive.*

    1. Diese Frage wird nie gestellt. _____

    2. Die Autos werden heute verkauft. _____

I. *Translate into English.*

    1. Man wird das Haus bald verkaufen. _____

    2. Das Haus wird bald gekauft. _____

J. *Write a sentence and a question, putting the elements into the proper word order. (A double slash indicates a separate clause.)*

    1. weiß/nicht/ich//wann/*Das Kapital*/Karl Marx/von/wurde/veröffentlicht (*published*)

    _____

    _____

    2. wissen/Sie//war/das Buch/zum ersten Mal/veröffentlicht/worden/wann/?

    _____

    _____

K. *Rewrite, using the passive voice.*

    1. Der Reporter interviewt mich.

    _____

    2. Man verhaftet ihn.

    _____

    3. Man hat das Haus schon verkauft.

    _____

    4. Wird man das Haus bald verkaufen?

    _____

L. **Ich möchte gern wissen...** *You are asking questions about the German-speaking countries. Use either the passive voice or one of the substitute constructions that you have learned. Following are some noun and verb cues. You provide the other necessary elements. Write out two questions for each listed country.*

Österreich

das Reich/die Situation/das Wienerschnitzel/die Musik/die Wissenschaft/die Aufgabe/die Bedeutung/

zerschlagen/annektieren/ernst nehmen/assoziieren/leisten

1. _____

_____

2. _____

_____

Die Schweiz

die Sprache/das Schweizerdeutsch/der Brief/die Zeitung/die Währung/die Uhr/die Arbeit/die

Zukunft/die Frage/sprechen/verstehen/schreiben/eine Frage stellen/zahlen/nennen/exportieren/bauen

1. _____

_____

2. _____

_____

Liechtenstein

die Armee/das Fürstentum/das Geld/die Staatsbürgerschaft/der Lebensstandard/die Steuer/die

Briefmarke/die Kapitalgesellschaft/brauchen/anschließen/bezahlen/erklären/verlangen/verkaufen/

registrieren

1. _____

_____

2. _____

_____

Wiederholung

Grammatik—wiederholt

This chapter is a selective review of Chapters 10-16. In this chapter, you will review basic grammar rules and work on your ability to apply those rules of grammar correctly, and make use of the vocabulary you learned in Chapters 10-16. Answers to the section called *Grammatik–wiederholt* are at the end of this workbook.

1 ▶ Review of the future tense (Chapter 10)

In German the future is used much less frequently than in English. Its main function is to express probability or faraway, therefore uncertain, future plans. The future is formed with the present tense of the auxiliary werden plus the infinitive of the verb.

In zehn Jahren werde ich der Chef einer großen Firma sein.

A. *Was sind die Pläne für den Sommer und das nächste Jahr? Beantworten Sie die Frage im Futur.*

Beispiel: *Kommt Rolf auch nach Deutschland mit? (bei Siemens arbeiten)*
Nein, er wird bei Siemens arbeiten.

1. Fliegst du allein nach Deustchland? (zwei Freunde kommen mit)

Nein, _____ .

2. Besucht ihr nur Deutschland? (durch ganz Europa reisen)

Nein, wir _____ .

3. Kostet die Reise viel? (teuer werden)

Ja, sie _____ .

4. Was schaust du dir gern auf dieser Reise an? (viele Museen besuchen)

Ich _____ .

5. Übernachtet (*are...staying*) ihr in Hotels? (wahrscheinlich in Jugendherbergen)

Nein, wir _____ .

6. Du, könnte ich auch mitkommen? (sich schnell entscheiden müssen)

Ja, aber du _____ .

2 ▶ Review of adjective endings (Chapter 11)

Review adjective endings by looking at the charts in the Reference Grammar, p. A-5 of the textbook.

B. Darf ich meinen Freund vorstellen? *Ergänzen Sie die Adjektiven dungen. (Vorsicht! Manchmal fehlt gar keine).*

Thomas ist ein deutsch____ Student, der in einer klein____ Stadt der früher____

DDR wohnt. Er ist sehr groß____, hat blau____ Augen und blond____ Haar.

Thomas trinkt gern kalt_____ Bier oder heiß____ Tee. Er fährt gern schnell____

Autos (und fährt meistens zu schnell____), sieht gern amerikanisch____ Filme und

möchte später ein groß____ Haus kaufen. Im nächst____ Jahr wird er ein halb____

Jahr an einer amerikanisch____ Universität studieren können.

C. Und jetzt möchte ich Ihnen meine Freundin vorstellen. *Ergänzen Sie die Adjektivendungen.*

Sie ist eine attraktiv____ jung____ Dame mit braun____ Augen. Sie hat schwarz____

Haare und ist sehr nett____. Sie lebt in Graz, der zweitgrößt____ Stadt Österreichs.

Ihr liebst____ Hobby ist das Wandern in den hoh____ Bergen. Sie ist auch eine

gut____ Musikerin und wünscht sich ein neu____ Klavier. Sie liest viele

amerikanisch____ Romane, interessiert sich für modern____ Kunst und verbringt

viel Zeit in der neu____ Bibliothek, die vor kurz____ Zeit neben ihrer gemütlich____

Wohnung gebaut wurde.

D. Das wünsche ich mir! *Ergänzen Sie die Adjektivendungen.*

Schön____ Wetter, wenn ich Golf spielen will;

eine nett____ Freundin, die mich versteht;

einen nett____ Freund, der mich oft besucht;

gesund____ Kinder, wenn ich eine Familie habe;

einen freundlich____ Chef in meiner Firma;

reich____ Eltern, die mir einen Porsche schenken;

ein groß____ Haus in einem schön____ Vorort;

gut____ Noten für schwer____ Prüfungen.

E. Wir brauchen ein Tempolimit! *Bilden Sie neue Sätze mit Pluralnomen und Pronomen.*

Beispiel: *Hast du für deine letzte Reise ein kleines Auto gemietet?*
Habt ihr für eure letzten Reisen kleine Autos gemietet?

KARIN Hast du den Artikel über den schweren Unfall auf der deutschen Autobahn gelesen?

PETER Ja, gestern gab es wieder einen furchtbaren Unfall bei Mannheim.—Jeder deutsche Autofahrer glaubt, er ist ein Rennfahrer.

KARIN Ich habe auch große Angst: Mein deutscher Freund fährt auch gern ein schnelles Auto. Nur ein schnelles Auto ist für ihn ein gutes Auto.

PETER Ja, und auf der deutschen Autobahn gibt es kein Tempolimit.

KARIN Und auf der amerikanischen Autobahn?

PETER Auf einer amerikanischen Autobahn darf auch ein schnelles Auto nur ein bestimmtes Tempolimit fahren.

KARIN Das ist eine gute Regel. Warum soll es für ein schnelles Auto kein Tempolimit geben?

PETER Du hast recht. Auch ein teurer Mercedes soll nicht schneller fahren dürfen als ein alter Volkswagen.

der Artikel, ·   der Autofahrer, ·   die Regel, -n
der Unfall, -e   der Rennfahrer, ·   der Mercedes, ·
die Autobahn, -en   die Angst, die Ängste   der Volkswagen, ·

KARIN _____

_____

PETER _____

_____

KARIN _____

_____

PETER _____

_____

KARIN _____

_____

PETER _____

_____

KARIN _____

_____

PETER _____

_____

3 ▶ Review of comparison of adjectives (Chapter 12)

To compare two adjectives of equal qualities, the basic form of the adjective is used with the construction **so...wie.**

> Du bist **so** alt **wie** ich. *You are as old as I am.*

The comparative is formed by adding **-er** to the stem of the adjective or adverb. One-syllable adjectives with an **a**, **o**, or **u** in the stem usually add an umlaut; adjectives with **au** in the stem never do. The word **als** is used for the comparative. The superlative is formed by adding **-st** to the stem; adjectives that add umlaut in the comparative also take umlaut in the superlative. Attributive adjectives add the regular endings to the **-er** in the comparative and to the **-st** in the superlative. Superlative adjectives not preceding a noun are formed with the construction **am + stem + st + -en.** As in English, there are irregular comparative and superlative forms.

> Herr Müller ist **netter als** Frau Müller, aber ihr Sohn Gerd ist **am nett(e)sten.**
>
> Der Apfel ist **größer als** dieser. Ich möchte den **kleineren** Apfel.
>
> Süddeutschland hat **schöneres** Wetter **als** Norddeutschland. Aber Italien hat **das schönste** Wetter.
>
> *Mr. Müller is nicer than Mrs. Müller, but their son Gerd is the nicest (of them all).*
>
> *That apple is bigger than this one. I would like (to have) the smaller one.*
>
> *Southern Germany has nicer weather than Northern Germany. But Italy has the nicest weather.*

F. **Welchen möchtest du?** *Bilden Sie neue Sätze.*

> *Beispiel: Dieser Teller ist größer als der. Welchen möchtest du?*
> *Ich möchte den größeren.*

1. Diese Wohnung ist heller als die andere.

   —Ich möchte _____ .

2. Hier ist ein warmer Pullover.

   —Ich möchte _____ .

3. Dieses Auto ist billiger als das.

   —Ich möchte _____ .

4. Dieser Stoff (fabric) ist besser als der andere.

   —Ich möchte _____ .

5. Diese Zeitung ist dicker als die andere.

   —Ich möchte _____ .

6. Hier ist ein eleganteres Kleid als das andere.

   —Ich möchte _____ .

G. Ich brauche natürlich das Beste! *Bilden Sie Sätze.*

   Beispiel: *Hier gibt es verschiedene (different) gute Waren.*
   —Ich kaufe natürlich die besten.

1. Hier gibt es verschiedene (*different*) interessante Bücher.

   —Ich kaufe natürlich das _____ .

2. Hier gibt es verschiedene süße Früchte (*fruits*).

   —Ich kaufe natürlich die _____ .

3. Hier gibt es verschiedene große Wohnungen.

   —Ich miete natürlich die _____ .

4. An dieser Uni gibt es einige populäre Professoren.

   —Ich studiere natürlich bei den _____ .

5. An dieser Uni gibt es viele kluge Studenten/Studentinnen.

   —Ich befreunde mich (*make friends*) natürlich mit den _____ .

6. Es gibt hier verschiedene hohe Stipendien für gute Studenten.

   —Ja, ich möchte natürlich das _____ Stipendium bekommen.

H. **Was könnt ihr am besten?** *Bilden Sie Sätze.*

Beispiel: (schön)
   Ich singe am schönsten.

1. (schnell) Ich laufe _____ .

2. (hoch) Ich springe _____ .

3. (viel) Ich arbeite _____ !

4. (gut) Ich spreche _____ Deutsch.

5. (interessant) Ich schreibe _____ .

6. (laut) Wir lachen _____ .

7. (gern) Ich esse und schlafe _____ .

4. ▶ Review of relative pronouns (Chapter 13)

There are only three forms that differ from the definite article: **dessen** (*genitive masculine* and *neuter singular*), **deren** (*genitive feminine singular* and *genitive plural*), and **denen** (*dative plural*). For the declension of relative pronouns, see Reference Grammar, textbook p. A-5. The gender and number of the relative pronoun is determined by the noun to which it refers. The case is determined by the pronoun's function in the relative clause.

I. **Ein voller Tag.** *Verbinden Sie die Sätze.*

Beispiel: Ich suche Professor Gerber. Ich muß ihn sprechen.
   Ich suche Professor Gerber, den ich sprechen muß.

1. Ich laufe jetzt zur Bibliothek. **Sie** ist weit weg.

   _____

2. Ich suche Material für einen Aufsatz. **Er** muß morgen fertig sein.

   _____

3. Der Aufsatz ist über ein modernes Thema. Ich finde **es** interessant.

   _____

4. Später schreibe ich einen Brief an einen Freund. Ich habe letztes Jahr eine Reise mit **ihm** gemacht.

   _____

5. Heute nachmittag besuche ich eine Freundin. **Ihr** Kind ist krank.

   _____

6. Heute abend hole ich Gerhard ab. Sein Auto ist kaputt.

_____

7. Wir gehen in ein Konzert. Es wird von unserer Musikabteilung gegeben.

_____

8. Nach dem Konzert treffen wir uns mit Freunden. Wir wollen mit ihnen zum Essen gehen.

_____

5 ▶ Review of the general subjunctive (Chapter 15)

The general subjunctive has only two tenses: *present and future-time subjunctive* and *past-time subjunctive*. The subjunctive is used to talk about unreal conditions. Review the forms in the Reference Grammar, textbook pp. A-9–A-10.

J. Ich wünschte, es wäre anders. *Bilden Sie neue Sätze.*

Beispiel: *Jens geht heute abend nicht mit ins Kino.*
Ich wünschte, Jens würde heute abend mit ins Kino gehen!

Beispiel: *Ich kann die Rechnung nicht sofort bezahlen.*
Ich wünschte, ich könnte die Rechnung sofort bezahlen.

1. Sie denkt nicht oft an mich.

_____

2. Ihr kritisiert immer alles.

_____

3. Wir dürfen heute nicht mitkommen.

_____

4. Die Politiker lügen so viel.

_____

5. So viele Bäume sterben.

_____

6. Sie rauchen so viel!

_____

7. Die Kinder schlafen nicht ein.

_____

8. Der Zug fährt nicht pünktlich ab.

_____

9. Ich habe nicht genug Geld.

_____

10. Meine Mutter ist nicht gesund.

_____

K. *Ich wünschte, es wäre anders gewesen. Bilden Sie neue Sätze.*

    Beispiel: Heidi bewarb sich nicht um das Stipendium.
             Ich wünschte, Heidi hätte sich um das Stipendium beworben!

1. Du hast mich gestern nicht angerufen.

_____

2. Ich hatte gestern eine schwere Prüfung.

_____

3. Ich habe noch nicht fünf Kilo abgenommen.

_____

4. Peter kam nicht ins Konzert mit.

_____

5. Wir haben kein neues Auto gekauft.

_____

6. Ich durfte ihm das nicht sagen.

_____

7. Sie kauften ein zu starkes Waschmittel (*detergent*).

_____

8. Birgit fand kein gutes Restaurant.

_____

9. Ich verbrachte Weihnachten nicht in Österreich.

_____

10. Meine Freunde gingen schon um zehn Uhr fort.

_____

L. **Ja, wenn...!** *Bilden Sie neue Sätze.*

Beispiel: *Ihr Großvater hat geraucht. Er ist an Lungenkrebs (lung cancer) gestorben.*
Wenn ihr Großvater nicht geraucht hätte, wäre er nicht an Lungenkrebs gestorben.

1. Wir sind zu schnell gefahren. Wir haben einen Unfall gehabt.

_____

2. Das Wetter ist heute nicht schön. Ich gehe nicht in die Berge.

_____

3. Ich habe es nicht gewußt. Ich habe es meinen Eltern nicht gesagt.

_____

4. Mein Freund hat mich nicht besucht. Ich habe mich nicht gefreut.

_____

5. Wir haben morgen eine Prüfung. Wir müssen heute studieren.

_____

6. Du hast jetzt nicht mehr Zeit. Du kannst jetzt nicht mehr Tennis spielen.

_____

7. Ich habe Erika nicht gesehen. Ich bin an ihr vorbeigegangen.

_____

8. Sie hat sich nicht beworben. Sie hat die Stelle nicht bekommen.

_____

6 ▶ Review of passive voice (Chapter 16)

The passive voice is used when it is not important to express who carries out an action. It is also possible to express the agent in a passive sentence (by von + the agent in the dative), but the emphasis is still on the action. For a review of the forms of the passive voice, see the Reference Grammar, textbook pp. A-8–A-9.

Das Haus **wird** heute **geputzt**.	*The house is being cleaned today.*
Die Prüfung **wurde** von Dr. Helms **beaufsichtigt**.	*The exam was administered by Dr. Helms.*

To talk about activities that are carried out by people in general or unspecified agents, the passive construction can be replaced by an active verb + **man** as the subject.

Samstags **werden** gewöhnlich alle Häuser **geputzt**.   Samstags **putzt man** gewöhnlich alle Häuser.

M. Darf man das hier? *Bilden Sie neue Sätze im Passiv.*

Beispiel: Darf man hier rauchen? (dieses Zimmer)
Nein, in diesem Zimmer darf nicht geraucht werden.

1. Darf man dort laut sprechen! (die Bibliothek)

   Nein, in _____ .

2. Konnte man das gestern nicht entscheiden? (erst heute)

   Nein, das _____ .

3. Wann muß man diese Rechnung bezahlen? (sofort)

   Diese Rechnung _____ .

4. Darf man zur Prüfung ein Wörterbuch mitnehmen? (kein)

   Nein, zu dieser _____ .

5. Was muß man noch für den Umweltschutz tun? (mehr Geld ausgeben)

   Für den Umweltschutz _____ .

6. Wer hat Sie empfohlen? (ein deutscher Professor)

   Ich _____ .

7. Spricht man hier Französich? (kein Französich)

   Nein, hier _____ .

8. Hat man dort getanzt? (auf der Party)

   Nein, auf der Party _____ .

N. **Arbeitsverteilung** (*Distributing chores*). *Bilden Sie neue Sätze im Passiv.*

Beispiel: *Herta putzt die Fenster.*
Die Fenster werden von Herta geputzt.

1. Silke bringt die Briefe zur Post.

   _____

2. Helmut hat schon gestern die Lebensmittel (*groceries*) eingekauft.

   _____

3. Andreas macht die Betten.

   _____

4. Alexander wäscht das Geschirr (*dishes*).

   _____

5. Helga putzt die Küche.

   _____

6. Elsa hat den Hund schon gefüttert.

   _____

7. Sie hat auch schon die Blumen begossen.

   _____

Selbsttest

A. ▶ The future tense

Ergänzen Sie.

1. Ich weiß es noch nicht genau, aber morgen _____ ich wohl in die Stadt fahren.
   —werde
2. Ich werde mir dort ein neues Kleid _____ *(buy)*.
   —kaufen
3. Mein Sohn _____ mitkommen.
   —wird
4. Er braucht neue Winterkleidung. Er _____ sich einen Anzug und einen warmen Mantel kaufen.
   —wird
5. Mittags _____ wir im vegetarischen Restaurant _____ *(eat)*.
   —werden, essen
6. Abends _____ wir wohl ins Theater _____ *(go)* und *Macbeth* sehen.
   —werden, gehen
7. Ja, das _____ ein langer Tag werden!
   —wird

B. ▶ Adjective endings

Ergänzen Sie.

Lieber Jens,

die neu____ Universität gefällt mir! —-e

Mein Deutschprofessor hat heute eine faszierend____ Vorlesung über —-e

die Jünger____ Romantik gehalten und uns mit einer lang____ Leseliste —-e, -en

in die Bibliothek geschickt. Ich habe sechs dick____ Bücher mit nach —-e

Hause gebracht und freue mich schon auf die interessant____ Lektüre —-e

(reading). Die jung____ Englischprofessorin gefällt mir auch. Für heute —-e

mußten wir drei spannend____ Geschichten lesen. Aber sie gibt —-e

schwer____ Prüfungen. Physik finde ich wie immer langweilig____. Die —-e, -X

Stimme des sehr alt____ Professors ist kaum zu hören. Da sitze ich bei —-en

hell____ Tag und schlafe! —Ich habe auch schon neu____ Freunde —-em, -e

gefunden. Ich interessiere mich besonders für ein blond____, —-es

blauäugig____ Mädchen. Ich habe sie letzt____ Woche bei einer lustig____ —-es, -e, -en

Party kennengelernt. Da waren auch andere intelligent____ Mädchen, —-e,

aber Elke ist von allen die nettest____. —-e

C. ▶ The **um...zu** construction

*Change the second clause to an **um...zu** clause.*

1. Sie studiert Mathematik und Biologie. Sie will Lehrerin werden.
   Sie studiert Mathematik und Biologie, _____ .   —um Lehrerin zu werden

2. Er ging zum Arbeitsamt. Er wollte sich um eine Stelle bewerben.
   Er ging zum Arbeitsamt, _____ .   —um sich um eine Stelle zu bewerben

3. Wir sind nach Hause gegangen. Wir wollten essen.
   Wir sind nach Hause gegangen _____ .   —um zu essen

4. Ich fahre jetzt ab. Ich will pünktlich sein.
   Ich fahre jetzt ab, _____ .   —um pünktlich zu sein

D. ▶ Relative pronouns

Ergänzen Sie.

1. Der Student, _____ in der Vorlesung neben mir sitzt, heißt Karl Wimmer.   —der

2. Den jungen Mann, mit _____ du gestern getanzt hast, kenne ich.   —dem

3. Meine Freundin, _____ Eltern nicht mehr leben, muß sich das Studium selbst verdienen.   —deren

4. Otto Hahn ist der Physiker, _____ Entdeckung des Urans zum Bau der Atombombe geführt hat.   —dessen

5. Es gibt viele Probleme, _____ wir nicht lösen können.   —die

E. ▶ The general subjunctive

Complete with the proper general-subjunctive form of the cued verb.

1. (ab•nehmen) Ach, wenn ich nur _____ !   —abnähme

2. (sitzen) Dann _____ meine Hosen besser!   —säßen

3. (können) Dann _____ ich mir mal ein ganz schickes Kleid kaufen.   —könnte

4. (kochen) Wenn meine Mutter nur nicht so gut _____ !   —kochte

5. (sein) Dann _____ es leichter, weniger zu essen.   —wäre

F. ▶ The passive voice

Übersetzen Sie die unterstrichenen Wörter.

1. Die Frage wird endlich beantwortet.   —is answered

2. Während der Rezession wurden viele elegante Restaurants geschlossen.   —were closed

3. Ich bin heute nicht bezahlt worden.   —have, been paid

4. Er <u>war von mir gesehen worden</u>. —had been seen by me

5. Die Grenzen <u>werden</u> bald <u>geöffnet werden</u>. —will be opened

Machen Sie aus dem aktiven Satz einen passiven Satz.

6. Man spricht in der Schweiz vier Sprachen.
   In der Schweiz _____ vier Sprachen

   _____ —werden, gesprochen

7. Man wird ihn sicher anrufen.
   Er _____ sicher _____

   _____. —wird, angerufen werden

8. Ein junger Kellner hatte mich bedient.
   Ich _____ von _____

   _____ Kellner _____

   _____. —war, einem jungen, bedient worden

9. Der Lehrer kritisiert ihn nicht.
   Er _____ von _____ Lehrer

   nicht _____. —wird, dem, kritisiert

Situationen—was man so fragt und sagt

A. *Sie sind in einem Restaurant und möchten essen. Was sagen Sie zum Kellner (zur Kellnerin), wenn Sie... ?*

1. die Speisekarte sehen möchten

   Sie: Ich möchte _____

   K: Bitte, hier ist _____

2. bestellen wollen

   Sie: Ich möchte jetzt_____

   K: Ja, was _____ ?

3. wenn Sie vom Kellner (von der Kellnerin) wissen wollen, was er (sie) empfehlen würde

   Sie: Was _____ ?

   K: Ich würde _____

4. zahlen wollen

   Sie: Bitte _____ !

   K: Das macht _____

B. *Sie arbeiten in der Personalabteilung der Firma Siemens in Berlin. Sie interviewen einen Bewerber, der in dieser Firma einen Job haben möchte. Da Sie seine Unterlagen nicht vor sich haben, stellen Sie Fragen über...*

1. seine Adresse

   Sie: Wo _____ ?

   Bewerber: Ich _____

2. Schulen, die er besucht hat

   Sie: Welche Schulen _____ ?

   Bewerber: Ich _____

3. Noten

    Sie: Wie sind _____ ?

    Bewerber: Ich _____

4. besondere Interessen des Bewerbers

    Sie: Haben Sie _____ ?

    Bewerber: Ja, ich _____

5. frühere Jobs bei anderen Firmen

    Sie: Haben Sie _____ ?

    Bewerber: Ja (Nein), ich _____

6. die Information der Firma

    Sie: Haben Sie _____ ?

    Bewerber: Ja (Nein), ich _____

C. *Nun bewerben Sie sich um eine Stelle bei einer Firma. Sie haben Fragen über...*

    1. die Arbeitszeit

        Sie: Wann beginnt _____ ?

            Wieviele Stunden _____ ?

        Arbeitgeber: Von acht _____

            Achtunddreißig _____

    2. das Gehalt

        Sie: Darf ich fragen _____ ?

        Arbeitgeber: Sie verdienen _____

    3. Urlaub

        Sie: Wieviel _____ ?

        Arbeitgeber: Sie bekommen _____

4. die Entscheidung, wann Sie die Stelle bekommen

   Sie: Wann werde ich wissen, ob _____ ?

   Arbeitsgeber: Sie hören _____

D. Wer fragt, bekommt auch eine Antwort. *Bilden Sie Sätze.*

   Vater/Auto nehmen

   Beispiel: Vater, kann ich heute abend dein Auto nehmen?
   Ja, aber ich brauche es morgen.

   1. Professor/Prüfung zurückgeben

   _____

   2. Eltern/Scheck schicken

   _____

   3. Freundin/Party mitkommen

   _____

   4. Verkäufer/Hemden zeigen

   _____

   5. Kellner/Coca Cola bringen

   _____

   6. Freund/Auto reparieren helfen

   _____

   7. Arzt/etwas gegen Schmerzen haben

   _____

   8. Schaffner/in Wien ankommen.

   _____

Anhang

A: Review of errors made by English-speaking students of German

B: English equivalents of the dialogs

C: Aussprache-Übungen

D: Useful resources

E: Answers to *Wiederholungen* exercises

Anhang A: Review of errors often made by English-speaking students of German

This review covers items introduced in all the chapters of the text and a few new ones. The "errors" to which special attention is drawn in this review are caused by such linguistic phenomena as look-alikes (German also means *therefore*, not *also*); sound-alikes (**wer** *who* and *where* wo); and interference—that is, the transference of English-speaking habits to German. Other errors are caused by nuances between German words (**wissen** and **kennen**).

Express in German

wo, wohin, or woher?

1. Where do you live? _____

2. Where are you going? _____

3. Where do you come from?_____

wenn, wann, or als?

4. When do you have time? _____

5. If it rains, I'll stay at home. _____

6. I lived in Germany when I was young. _____

7. Did she say when she would come? _____

8. If I have money, I'll buy it. _____

9. When I arrived, he was already here. _____

Zeit, Uhr, or Stunde?

10. What time is it? _____

11. Do you have a watch? _____

12. There is still time. _____

13. I'll come in one hour. _____

denn or **dann?**

14. I can't come because I have no time. _____

15. Now we'll eat and then we'll go home. _____

nach Hause or **zu Hause?**

16. I am living at home. _____

17. Are you going home? _____

das or **daß?**

18. That is not right. _____

19. I say that this is not right. _____

20. That is a good idea! _____

21. I don't believe that. _____

22. He says that he can't come. _____

wollen or **werden?**

23. I want to go home. _____

24. I will go home. _____

25. He wants to buy it. _____

26. Will he buy it?

nur or **erst?**

27. There is only one answer. _____

28. I received the answer only yesterday. _____

29. This car is only two years old. _____

30. He has been studying German for only one year. _____

Zahl or Nummer?

31. My house number is eleven. _____

32. The number of students is great. _____

33. My number is in the computer. _____

34. One is the first number. _____

muß or mußte?

35. I must go home. _____

36. I had to go home. _____

37. I had to do it. _____

38. Must you do it? _____

sehen or aussehen?

39. You look well. _____

40. Can you see well? _____

41. It looks as if it might rain. _____

nach (*toward, after*) and nach (*according to*)

42. I am going home. _____

43. After school, I'll go home. _____

44. That is the custom, according to old tradition. _____

da (*here*) and da (*since*)

45. I am here! _____

46. He is here. _____

47. Since you are here, all is well. _____

vor or bevor?

48. A few years ago, I was in Germany. _____

49. Before I came to America, I lived in Germany. _____

50. I am standing before the door. _____

hören or **gehören?**

51. Have you heard the news? _____

52. To whom does this book belong? _____

wissen or **kennen?**

53. I know this man. _____

54. I know the address. _____

55. I know it. _____

56. I know the answer. _____

aber or **sondern?**

57. I live here, but work in Munich. _____

58. He is not dumb, but very intelligent. _____

59. He was hungry, but wanted nothing to eat. _____

60. That was not yesterday, but last Sunday. _____

rufen or **anrufen?**

61. I'll call you (on the phone). _____

62. Who called my name? _____

63. Call the police! _____

Sie or **Ihnen?**

64. What is your name? _____

65. How are you? _____

66. I am fine. And you? _____

heißen or **nennen?**

67. I am called Fritz. _____

68. Name me two famous scientists. _____

69. What's Munich called in German? _____

70. We have a new dog. What shall we call him? _____

selbst (*self*) and **selbst** (*even*)

71. He came in person. _____

72. Even he came. _____

73. He can do it himself. _____

74. Even he knows the answer. _____

vorstellen or **sich vorstellen?**

75. I can imagine that. _____

76. He introduced himself. _____

77. May I introduce myself? _____

78. I can't imagine what that means. _____

hier or **hierher?**

79. Do you live here? _____

80. Come here! _____

81. Here is your book. _____

82. Put it here! _____

dort or **dorthin?**

83. He lives here. _____

84. I am going there. _____

85. There is our house. _____

86. You have to write there. _____

hin or her?

87. Come here! _____

88. Go there! _____

89. Walk back and forth! _____

schwer (*difficult*) and schwer (*heavy*)

90. This work is difficult. _____

91. This suitcase is heavy. _____

leben or wohnen?

92. They live in this house. _____

93. They live in Germany. _____

94. Where do you live? _____

95. They live well. _____

mutig or brav?

96. He is courageous. _____

97. This is a good child. _____

98. She is brave. _____

99. Be good! _____

meinen or bedeuten?

100. What does it mean? _____

101. I mean it differently. _____

102. What do you mean? _____

103. This means nothing. _____

zählen, erzählen, or zahlen?

104. He is counting his money. _____

105. He is telling a joke. _____

106. We are paying the bill. _____

fahren (*to travel*) and **fahren** (*to drive, ride*)

107. We are taking the train. _____

108. We are traveling to Germany. _____

109. He drives to school. _____

110. When does the bus depart? _____

bekommen or **werden?**

111. The rich are becoming richer. _____

112. What am I getting for Christmas? _____

113. She is (in the process of) becoming a doctor. _____

114. When do we receive a visit? _____

115. When do we receive our money? _____

heiß or **scharf?**

116. The knife is sharp. _____

117. The weather is not. _____

118. Mexican food is hot. _____

119. Hot coffee is good. _____

Translate into English. Watch for the underlined items!

120. Wir kommen <u>also</u> um fünf Uhr. _____

121. Seine <u>Art</u> zu sprechen, gefällt mir nicht. _____

122, Dieses <u>Gift</u> ist sehr gefährlich. _____

123. Es regnet, <u>also</u> bleiben wir zu Haus. _____

124. Ingrid <u>bekam</u> keine Antwort. _____

125. Ich habe das oft <u>gehört</u>. _____

126. Hans <u>bittet</u> mich um Geld. _____

127. Er <u>fragt</u> nach der Zeit. _____

128. Ich bin so groß <u>wie</u> er. _____

129. Er ist größer <u>als</u> Ulrike. _____

130. <u>Als</u> wir in Deutschland lebten, war es nicht so teuer. _____

_____

131. Er tut, <u>als ob</u> er reich wäre. _____

132. Das <u>gehört</u> mir nicht. _____

133. Ich habe keinen Job; <u>also</u> habe ich auch kein Geld. _____

_____

134. Er ist sicher hier, <u>da</u> ich ihn heute schon gesehen habe. _____

_____

135. <u>Da</u> ist er ja! _____

136. Darüber kann ich weder <u>lachen</u> noch <u>lächeln</u>. _____

_____

137. Das macht <u>nichts</u>. _____

138. Es tut mir leid, aber ich habe <u>nichts</u> gesehen. _____

_____

139. Ich kann <u>mich</u> gut an ihn <u>erinnern</u>. _____

Anhang B: English equivalents of the dialogs

▶ Kapitel 1

Dialog

What is her name? And who is he?

JENS: Thomas, do you know that student there?

THOMAS: No, I don't know her. Who is she?

JENS: Her name is Bettina Schwarz.

THOMAS: What does she study?

JENS: She studies computer science. And she is very nice! (*Bettina approaches.*)

JENS: Hello, Bettina, how are you?

BETTINA: Fine, thanks. And you?

JENS: I'm fine too, thanks. Bettina, this is Thomas Meyer.

BETTINA: Hello. Are you a student, too?

THOMAS: Yes, I study biology and chemistry. Biology is my major and chemistry is my minor.

JENS: And he likes to dance, he's learning karate, he plays tennis, and . . .

BETTINA: Tennis? I like to play tennis, too, but unfortunately I don't play very well.

THOMAS: Bettina, are you coming to the concert tonight?

BETTINA: I don't think so. I don't have any time today. I have a lot of work to do. (*The bus comes.*) Here comes the bus. Goodbye!

EVERYONE: Goodbye!

---

[1] The translations try to follow the German text as closely as possible, without sounding unnatural or violating English grammar. Sometimes reformulating phrases in more idiomatic English might provide an interesting challenge and exercise. For example, in the dialog for Chapter 7, **Wie die Zeit vergeht!** (*How times passes!*) would be more idiomatic as *How time flies!* But the German verb **vergehen** is closer to English *pass* than to *fly*.

▶ Kapitel 2

Dialog

Many thanks for the information

MR. RICHTER:	Excuse me please, where is the railroad station?
LADY:	The railroad station? It's a long way from here! Take the number 7 streetcar. It's (standing) over there. It leaves every ten minutes.
MR. RICHTER:	No, thanks! I like to walk. And the weather is so nice today!
LADY:	Well then! Go straight ahead on Lutherstraße, turn left at the third traffic light on Bachstraße, then straight ahead again, and turn right at the theater onto Bahnhofstraße.
MR. RICHTER:	Thank you very much! Goodbye!
	(At the ticket counter in the railroad station)
MR. RICHTER:	Excuse me, where is the train to Cologne? The Inter-City express train?
WOMAN AT THE INFORMATION DESK:	To Cologne? There is no express train to Cologne today!
MR. RICHTER:	That's not possible! Here's the schedule. There, read that, please: "IC to Cologne, departure Nuremberg 6 P.M."
WOMAN:	I'm sorry. But the train doesn't run on Sundays. Only weekdays. See the sign here? That means *weekdays only*.
MR. RICHTER:	Oh, my God! What shall I do now?
WOMAN:	Why don't you fly? But that's expensive, naturally.
MR. RICHTER:	How much does it cost?
WOMAN:	Two hundred and twenty Marks.
MR. RICHTER:	Do you think I'll still get a seat?
WOMAN:	Perhaps. Wait a moment, please. *(She calls Lufthansa.)* Yes, Lufthansa flight two hundred nineteen still has two seats. Take a taxi. The airport is rather far from here.
MR. RICHTER:	Thank you very much! Goodbye!
WOMAN:	Goodbye! And have a good trip!

▶ Kapitel 3

Dialog

I'm looking for a room

INGE:	Hello Elke!

ELKE: Hello Inge!

INGE: Do you live here?

ELKE: No, but I'm looking for a room. When my parents move to Munich, we're going to sell the house.

INGE: When are they moving to Munich?

ELKE: They don't know yet. Maybe next month already.

INGE: Hey, I have an idea. Three girls and I—we're renting a house. It has five bedrooms, two bathrooms, a living room, and a kitchen. We have room. There's also a garden.

ELKE: You have a room free?

INGE: Yes, come along and look at it!

(*In Inge's house*)

ELKE: Oh, the room is nice—so big and bright! And the living room looks comfortable. How much will it cost, if I move in here?

INGE: The rent is two hundred fifty (250) Marks a month, with water and electricity.

ELKE: That's not too expensive! I'll move in right away!

► Kapitel 4

Dialog

What students ask and say

Erika, do you have lectures today?

> Yes, two—and a lab in the afternoon.
> No, but I'm going to the library.
> No, thank God, but I'm writing a paper for a seminar.

Rolf, do you still live in the dormitory?

> Unfortunately, but I move out in June.
> No, I have an apartment now.
> Yes, I like living there.

Professor Richter, do you have office hours tomorrow?

> Yes, from 4 to 6 P.M.
> No, but come today between three and five or call me.
> No, but I'll be here Wednesday and Friday in the morning.

Hans, what do you know about Professor Klein?

> She's strict, but fair.
> She gives a lot of homework.
> Not a lot, but I think she's good.

Hans and Inge, are you taking German 301 next semester?

> We don't know yet.
> Maybe, but we're not sure yet.
> Yes, but only if Professor Müller teaches German 301.

Inge, are you going home this (on the) weekend?

> I don't think so, my friend is coming on Saturday.
> Yes, it'll be my mother's birthday.
> No, I'm staying here.

Hans, how are your grades?

> Not bad.
> They're okay. I've gotten one "very good" and two "goods."
> Hmm, let's talk about the weather instead.

Do you know when our final is?

> On Tuesday from one to three.
> There is no final. Just a paper.
> I don't know.

Inge, are you coming to the party tomorrow?

> I'll come if you come, too.
> No, unfortunately not. And you?
> Yes, if I have time.

▶ Kapitel 5

Dialog

In love, engaged... Angelika visits her cousin

___

CHRISTA: Angelika, you've only been here three days now, and already some-one has invited you over!

ANGELIKA: Who invited me?

CHRISTA: Karin, my friend, you know her. Saturday is her birthday and she's having a party with dancing. Great, eh?

ANGELIKA: Please, go without me!

CHRISTA: But why? Do you think no one will dance with you because you're new here?

ANGELIKA: No, that's not it. I...I don't want to!

CHRISTA: You don't want to? Why not?

ANGELIKA: I'm...engaged!

CHRISTA: Engaged? Since when?

ANGELIKA: Three weeks ago.

CHRISTA: Boy, that's great! Tell me! What does he look like?

ANGELIKA: He's tall and slim and has brown eyes. He's good-looking, very nice, and intelligent, and you'll like him, no doubt about it!

CHRISTA: What does he study?

ANGELIKA: He's not a student any more. He's done with school.

CHRISTA: All done? Well, what does he do for a living?

ANGELIKA: He's a doctor, a pediatrician.

CHRISTA: Goodness! How old is he?

ANGELIKA: Thirty-five.

CHRISTA: Thirty-five! And you're only nineteen!

ANGELIKA: That doesn't matter to me! He's a good match for me. We have the same interests and ideals. And we love each other!

CHRISTA: Boy, I envy you!

ANGELIKA: Yes, but there's a problem. He's not Catholic, and he's divorced, and my parents will surely be against my marrying him.

▶ Kapitel 6

Dialog

Environmental protection or environmental pollution? What must we do?

Characters: Alan Snyder, an American student
              Claude Cartier, a young Frenchman, engineer
              Judy Snell, an English woman, musician
              Ute Wegener, teacher at the Goethe-Institute
              Jan Sievertson, Swedish, a computer programmer
              Jim Miller, Canadian, auto mechanic
              Gina Delbello, Italian woman, manager of a hotel

Every year many foreigners learn German at the Goethe-Institutes in Germany. In this dialog, the students of a Goethe-Institute discuss problems of environmental protection.

ALAN: What would you like to do tomorrow?

CLAUDE: We'd like to go to the Feldberg.

JUDY: What is there to see (there)?

CLAUDE: Well, we'd like to get to know the Black Forest.

UTE: Black Forest? If things continue as they are, soon it will be called the "Yellow Forest."

JAN: Miss Wegener is right. The Black Forest is dying. All because of air pollution.

JIM: Not only the Black Forest. We have that problem in Canada, too.

GINA: Really? Do you have "acid rain," too?

JIM: A lot, unfortunately. The exhaust from American industry is killing our forests.

ALAN: But Jim, you must admit. Not only our industry. Yours makes pollution, too.

JIM: Yes, that's true.

CLAUDE: But what can one do about air pollution?

JIM: The question is not: What can we do? But rather—What must we do?

ALAN: Jim, you're right, because it can't go on like this.

CLAUDE: Yes, we talk a lot about environmental protection—and every year there's more pollution. Unfortunately also with us in France.

JUDY: But what can we do?

JAN: The air must be clean again.

CLAUDE: And how?

JUDY: If we drive slower, there are less exhaust fumes.

UTE: We also need more filters for the factory smokestacks.

GINA: And we must clean up our rivers again!

JUDY: And we should plant more trees.

JIM: And we mustn't throw away so much.

UTE: Don't forget something very important!

ALAN: What?

UTE: We must also pay for environmental protection! All of us!

Kapitel 7

Dialog

We're not in such a hurry

Characters: Elisabeth Keller and her daughter

MOTHER: Liselotte, how long have you been married now?

DAUGHTER: This fall it'll be three years.

MOTHER: What, so long already? How time flies (lit. *passes*)! Have you seen this article? (*points to the newspaper*)

DAUGHTER: Which one?

MOTHER: There, about "zero population growth."

DAUGHTER: Zero population growth?

MOTHER: Yes, last year the population in Germany declined again.

DAUGHTER:	Aha, now I understand! Then you probably thought about Klaus and me.
MOTHER:	Not directly, but after three years of marriage I had two children already.
DAUGHTER:	But that doesn't mean that every married couple already has to have children after three years.
MOTHER:	And I didn't say that, but after all, you do want to have a family. Or not?
DAUGHTER:	Believe me, Mom, Klaus and I have discussed this subject often.
MOTHER:	And...?
DAUGHTER:	We're not in such a hurry. Up to now we've had other plans. I've worked, we've saved for a new car, we've traveled a lot, and...
MOTHER:	...and I still don't have a grandchild!
DAUGHTER:	(*With her arm around her mother*) Mom, you know the saying: "What isn't now, can still be..."

▶ Kapitel 8

A little quiz

Who was...? What happened...? What did...?

1. FAMOUS PEOPLE AND WHAT THEY DID. WHAT BELONGS TOGETHER?

    a. Wilhelm Röntgen...   _____ wrote the novel *Put Down the Weapons*. She protested against war and received the Nobel Peace Prize in 1905.

    b. Johann Wolfgang von Goethe...   _____ created the theory of relativity and became the "father of the atomic age."

    c. Thomas Mann...   _____ composed the *Ninth Symphony* with a choir and used Schiller's "Ode to Joy."

    d. Bertha von Suttner...   _____ received the Nobel Prize for literature in 1929 for the novel *Buddenbrooks*.

    e. Albert Einstein...   _____ discovered important rays in 1895. In English they're called X-rays. He taught at the University of Würzburg.

    f. Ludwig van Beethoven...   _____ was a German poet of the Classicism period.

2. WHAT HAPPENED THEN? WHAT BELONGS TOGETHER?

   a. On July 19, 1969...   _____ the "Berlin Wall" fell.

   b. On July 20, 1944...   _____ the war in Persian Gulf against Iraq
      began.

   c. On January 30, 1933...   _____ the Americans Neil Armstrong and
      "Buzz" Aldrin landed on the moon.

   d. On October 3, 1990...   _____ German officers tried to kill Hitler.

   e. On January 16, 1991...   _____ Adolf Hitler came to power in
      Germany.

   f. On November 9, 1989...   _____ Germany became a united country
      again.

Kapitel 9

Dialog

How do you stay healthy?

---

*Uwe Baumann is a student from Germany. He has been in America for two weeks.
He is speaking with Craig Norton, an American student, in a dormitory of an
American university.*

UWE: Good Morning, Craig! Did you sleep well?

CRAIG: Fairly well, thanks.

UWE: And how are you today? I heard you were sick.

CRAIG: Yes, I had a cold. But now I'm well again. I'm even playing tennis
         again.

UWE: Tennis? How long have you been playing?

CRAIG: Oh, for half a year. Do you play, too?

UWE: No, I don't have enough money for it. I can't afford tennis. It's expen-
         sive.

CRAIG: I believe you're mistaken (there). Perhaps it's expensive for you in
         Germany. Here you just need a racket and a few tennis balls, and then
         you can play.

UWE: Don't you have to belong to a club? That costs quite a lot.

CRAIG: No, no, on the public courts and at the university it doesn't cost
         anything.

UWE: But don't you have to wait a long time until a court is free?

CRAIG: Yes, sometimes, if you want to play betwen 5 and 8 in the evening.

UWE: Oh, I think I'd rather run. I also like to swim.

CRAIG: You run? Are you a jogger?

UWE: Yes, I started with that a few years ago.

CRAIG: Isn't it boring?

UWE: No, not al all! In Germany I usually run in the woods or in a park. It's pretty there, and it smells good, and there are usually a few other joggers. Sometimes we run together.

CRAIG: Do you run every day?

UWE: No, but three times a week, early in the morning, before I shower and shave.

CRAIG: And how far?

UWE: Oh, three and a half to five miles.

CRAIG: I think I'd rather stick with tennis.

UWE: And I'd rather stick with running!

▶ Kapitel 10

Dialog

A visit to the doctor

DOCTOR: Hello, Mr. Kröger, what seems to be the trouble?

KRÖGER: I don't feel at all well, Doctor! I have a headache and a sore throat, and my back hurts, too! When I cough, my whole chest hurts, and my nose is congested, too.

DOCTOR: When did this start?

KRÖGER: When I left work yesterday, I was sweating terribly. And I was so tired. Then came the headache.

DOCTOR: Are you running a fever?

KRÖGER: No, I have a slight temperature, at the most.

DOCTOR: Well, we'll see!

(After the examination)

DOCTOR: Yes, you have the flu. You should be in bed. Take these pills three times a day and drink a lot fluids. Especially fruit juice and mineral water. Then you'll feel well again soon.

KRÖGER: Doctor, I'm supposed to fly to New York next week. An important business trip! Will I be healthy again by then?

DOCTOR: Hmm, I'm afraid you'll still feel very tired by then. Can you postpone the trip?

KRÖGER: Perhaps. I'll ask my boss.

DOCTOR: Yes, I would advise that.

KRÖGER: Thank you very much, Doctor. Goodbye.

DOCTOR: Get well soon, Mr. Kröger!

Kapitel 11

Dialog

While shopping: How do you like the dress?

SALESWOMAN:	Hello, ladies, can I help you?
CHRISTA:	Yes, I'm looking for an elegant afternoon dress.
SALESWOMAN:	What size, please?
CHRISTA:	I usually wear size 40. [*German sizes differ from American sizes.*]
SALESWOMAN:	Would you like to check over here? (*to Birgit*) Would you also like something?
BIRGIT:	No, thank you. I just came along.
SALESWOMAN:	(*to Christa*) Look at this! Isn't this an elegant dress?
CHRISTA:	Yes. I like the cut, but actually, I don't care for synthetic fabrics. I prefer to wear silk, wool, or cotton.
SALESWOMAN:	We also have a good selection of those. Over here.
CHRISTA:	Birgit, what do you think, should I try this dress on? This one with the blue skirt and the yellow blouse?
BIRGIT:	Yes, that would probably look very good on you!
CHRISTA:	Yes, it's chic. But expensive! 550 Marks! Well, I'll try it on. (*She takes it with her into the fitting room—a few mintues later*) Well, how does it look on me?
SALESWOMAN:	Wonderful!
BIRGIT:	I think it doesn't fit in the shoulders, though. And the skirt is a bit too tight.
CHRISTA:	You're right—I'd like to try the green dress on, too. (*goes into the fitting room and comes out*) Yes, that suits me wonderfully. I'll take it!
BIRGIT:	But Christa, that one costs even more!
CHRISTA:	True, but maybe Dad will give it to me for my birthday.
BIRGIT:	For your birthday? You just had your birthday! On June 26—five days ago!
CHRISTA:	So what? Then he can give it to me for Christmas!
BIRGIT:	(*laughs*) Christmas? It's July!
CHRISTA:	So what?

▶ Kapitel 12

Dialog

My mother at the hairdresser's

MRS. STUMPF: I would like to have my hair cut.

HAIRDRESSER: Would you like to keep the same hairdo?

MRS. STUMPF: No, I'd like a more modern haircut. I brought a picture from *Brigitte* with me. See this woman? I'd like to wear my hair exactly the same way.

HAIRDRESSER: So, much shorter and curly. But your hair is completely straight.

MRS. STUMPF: Yes, so I need a permanent.

HAIRDRESSER: With pleasure! But it'll take about two hours until you're done.

MRS. STUMPF: That doesn't matter. I have time.

HAIRDRESSER: (*one hour later*) So, the permanent is finished! Should I set your hair also?

MRS. STUMPF: Yes, please, we're going to a big party this evening. My friends will be amazed!

HAIRDRESSER: (*Another hour later*) Do you like your new hairdo?

MRS. STUMPF: Yes, I think it's stylish!

HAIRDRESSER: Me, too. This new haircut is very popular.

MRS. STUMPF: I like it also. And that's the most important thing.

▶ Kapitel 13

Dialog

Will Eberhard get the job?

Characters: Eberhard Schuster, holder of an *Abitur*
Ms. Kristina Hartwig, head of the personnel department
Ms. Bettina Lange, a secretary

Place: in the office of a big department store

EBERHARD: Hello! My name is Schuster. I'd like to speak to Ms. Hartwig.

MS. LANGE: Excuse me, what was your name?

EBERHARD: Schuster, Eberhard Schuster.

MS. LANGE: Ah, you're the young man who's applying for the job in customer service.

EBERHARD: Yes, that's me.

MS. LANGE:	One moment, please. I'll tell Ms. Hartwig that you're here. (*she telephones*) Straight ahead, first door on the left.

MS. HARTWIG:	Hello! I'm Ms. Hartwig; please have a seat. (*she looks at his application and resume*) I see you completed the Abitur in July.
EBERHARD:	Yes, at the Pestalozzi-Gymnasium.
MS. HARTWIG:	And with very good grades. Congratulations! So, you want to work for us in customer service. What interests you in particular in that?
EBERHARD:	Well, I'd like to have a lot of contact with people. I wouldn't like a job where one just sits behind a desk.
MS. HARTWIG:	But that's also a part of customer service. Have you worked with computers already?
EBERHARD:	Yes, a little bit, with WordPerfect.
MS. HARTWIG:	Good! By the way, have you received our information sheet?
EBERHARD:	Do you mean the one (in which everything) about salary, working hours, vacation, and insurance (is written)?
MS. HARTWIG:	Yes, that's what I mean.
EBERHARD:	Yes, I've read it.
MS. HARTWIG:	Do you still have questions?
EBERHARD:	When will I know whether I get the job?
MS. HARTWIG:	Probably Friday. Call me between 2 and 4 P.M., here in the office.
EBERHARD:	Thank you very much. Goodbye.
MS. HARTWIG:	Goodbye, Mr. Schuster.

▶ Kapitel 14

Dialog

On Sundays we eat in a restaurant

The Kühne family is sitting in a restaurant, reading the menu and waiting for service.

MR. KÜHNE:	Ah, here comes the waiter! Waiter, we'd like to order.
WAITER:	At your service! What would you like?
MR. KÜHNE:	Let's start with the ladies. Jutta?
MRS. KÜHNE:	My favorite (thing to eat) is fresh fish. What do you recommend today?
WAITER:	Sole, fried in bacon with potato salad. You'll certainly like that!
MRS. KÜHNE:	I ordered that here the last time. But it was too salty.

WAITER:	Yes, then I recommend poached fish with potatoes and a little butter. And fresh salad as well.
MRS. KÜHNE:	Yes, that's the right thing for me.
MR. KÜHNE:	That sounds good. Bring me the same. (*To his teenage children*) What would you like?
CHRISTINE:	I'd rather have meat. Do you recommend the pork chops?
WAITER:	Yes, they're especially tender. They come with peas and carrots, and potatoes or rice.
CHRISTINE:	Potatoes, please. And can I have another vegetable instead of peas?
WAITER:	Yes, beans or spinach.
CHRISTINE:	Beans, please.
WAITER:	(*to Rolf*) And what may I bring you?
ROLF:	Half a grilled chicken with rice and mushrooms, please.
WAITER:	And what would you like to drink?
MR. KÜHNE:	A mineral water, a cola, an apple wine cooler and a dark beer— and for dessert we'd all like mixed ice cream.
WAITER:	Thank you very much. Bon appetit!
	(*After the meal*)
MR. KÜHNE:	Waiter, check, please!
WAITER:	All together, that makes ninety-four Marks and forty Pfennigs.
MR. KÜHNE:	Here's a hundred Marks. Keep the change.
WAITER:	I thank you, and I wish you a pleasant afternoon.

▶ Kapitel 15

Dialog

Wish list for old and young

As children, we wish:

If only I were taller now!
If only we had a dog!
If only we didn't have to go to bed so early!
If only I was allowed to watch television longer!

As students, we say: How nice it would be, ...

if my studies weren't so difficult!
if we didn't have so many tests!
if only I would get a job soon!
if only I could buy a car!

When we are in love, sometimes we think:

> I would be so happy if she (he) would call me today.
> I know she (he) would never leave me.
> I would go to the ends of the earth with her (him).
> If we could just get married soon!

As a young married couple, one hopes...

> that the children would never be sick.
> that the rent were not so high.
> that one could buy more.
> that our parents would visit us more often.

From age 40 to age 50, one says, perhaps:

> If only I had married earlier!
> If only I had never married!
> If I just had more free time!
> If only we'd traveled more when we were young!

After age 50, one thinks perhaps,:

> If only we had had more time for the children!
> If only I hadn't smoked so much, then I would be healthier now!
> If only we had visited our parents more often!
> If only I were retired already!

And what does one say when one is retired?

> I wish...
> we lived in Arizona.
> we were younger.
> there were no inflation.
> we could travel more.

▶ Kapitel 16

Dialog

They laugh at themselves

The humor of a country tells us something about the customs of its people, about their relationship to other people and to the world. In a joke, tensions are worked out. In a joke, one can say things that would otherwise not be said aloud.

There are various kinds of jokes. For example, the jokes associated with certain people. These include the Count Bobby jokes from Vienna. Count Bobby stands for the typical senile Austrian aristocrat.

Count Bobby is sitting in a train. The conductor comes and wants to see his ticket. "You have a ticket for a trip to Vienna. But we're going to Salzburg," says the conductor. "Does the engineer know that we're going in the wrong direction?" asks Bobby.

Bobby's friend sees that Bobby is wearing one black shoe and one brown shoe.

FREDDY: But Bobby, look at you! You've got one brown and one black shoe
            on!

BOBBY: Yes, I've also been wondering about that. And just imagine, at home
            I've got another pair just like them.

People also love "regional" jokes: jokes about the fresh Berliners, the somewhat blunt Bavarians, the slow East Frisians, etc.

Little Fritz, a boy from Berlin, isn't paying attention in school. He's asked by the teacher if he doesn't feel well. "No," says Fritz, "I'm not feeling well at all!"

TEACHER: Where don't you feel well? In the stomach? In the head?

FRITZ: No, here at school.

Franz the Bavarian doesn't like Prussians. In the Hofbräuhaus he is sitting next to one. "Excuse me, neighbor," says the Prussian. "You're sitting on my hat." "Yes, so?" says Franz. "Do you want to leave already?"

Political jokes have always been popular. That's where one can make fun of politics and politicians. During the Nazi period this joke was secretly told (a so-called "whispered joke"):

"Hey, Fritz was arrested yesterday!" "What, Fritz, such a good person? And why?" "Well, *that's* why."

And here, something about the politics of our time:

A famous soccer player in the Federal Republic was being interviewed. "Do you know that you make more than the Federal Chancellor?" "So what?" says the soccer player. "I also play a lot better than he does!"

Anhang C: Aussprache-Übungen

The following pronunciation program is separate from the recorded textbook exercises and is recorded on a separate cassette. Using it along with this special script, students may work to improve their pronunciation at varying rates, in accordance with their individual needs or the special directions of their instructor.

The pronunciation program is divided into two parts of 32 segments. The first part (segments 1–18) consists of consonant sounds, the second part (segments 19–32) of vowel sounds.

▶ Consonant sounds

1 German **ach**-sound (x) versus German **ich**-sound (ç)[1]

"BACK" AFTER **a, o, u, au**		"FRONT" AFTER **i, e, eu, l, r**	
acht	eight	mich	me
machen	to make	richtig	correct
Nacht	night	Licht	light
Loch	hole	recht	right
hoch	high	sprechen	to speak
Tochter	daughter	sechzehn	sixteen
Buch	book	euch	you, to you
suchen	to search	echt	genuine
Kuchen	cake	leuchten	to light
auch	also	Milch	milk
rauchen	to smoke	durch	through
brauchen	to need	solch	such

[1] The symbols in brackets are from the International Phonetic Alphabet.

2 German **ach**-sound (x) versus German **ich**-sound (ç)

"Back" after **a, o, u, au**

Nacht	*night*	Nächte	*nights*
lachen	*to laugh*	lächeln	*to smile*
schwach	*weak*	schwächer	*weaker*
Tochter	*daughter*	Töchter	*daughters*
Koch	*cook*	Köchin	*cook* (female)
hoch	*high*	höchst	*highest*
Buch	*book*	Bücher	*books*
Frucht	*fruit*	Früchte	*fruits*
Zucht	*rearing*	züchten	*to breed, raise*
Brauch	*custom*	Bräuche	*customs*
Rauch	*smoke*	räuchern	*to smoke* (meat)
Strauch	*bush*	Sträuche	*bushes*

"Front" after **ä, ö, ü, äu** *(header in second column)*

3 German **k, ck,** (k) versus German **ch** (x)

nackt	*nude*	Nacht	*night*
(er) nickt	*he nods*	nicht	*not*
Streik	*strike*	Streich	*prank*
(er) schluckt	*he swallows*	Schlucht	*canyon*
Säcke	*sacks*	Sache	*matter*
Laken	*sheets*	lachen	*to laugh*
Dock	*dock*	doch	*yet*
Locken	*curls*	lochen	*to punch holes*
Rock	*skirt*	(es) roch	*it smelled*
Pocken	*smallpox*	pochen	*to knock*
(er) buk	*he baked*	Buch	*book*
Bäcker	*baker*	Becher	*goblet*
dick	*thick, fat*	dich	*you*
(es) zuckt	*it twitches*	Zucht	*rearing*
pauken	*to drum*	brauchen	*to need*

4 German **sch** (ʃ) versus German **ch** (x)

wasch (dich)	*wash yourself*	wach (auf)	*wake up*
Kirsche	*cherry*	Kirche	*church*
Mensch	*human being*	Mönch	*monk*
Menschen	*people*	Männchen	*little man*
wünschen	*to wish*	München	*Munich*
rauschen	*to roar*	rauchen	*to smoke*
waschen	*to wash*	wachen	*to watch, guard*
Tisch	*table*	dich	*you*
Büsche	*bushes*	Bücher	*books*
Rausch	*inebriation*	Rauch	*smoke*
Masche	*stitch*	Mache	*sham*
Busch	*bush*	Buch	*book*
Aschen	*ashes*	Aachen	*German city* (Aix-la-Chapelle)

5 German **z, tz** (ts) versus English z (š)

Whether it occurs at the beginning of a syllable or word or at the end, the sound is the same.

Zahn	tooth	zany
Schwanz	tail	zombie
zehn	ten	zenith
bezahlen	to pay	Zanzibar
zittern	to tremble	zither
Zink	zinc	zinc
Zoo	zoo	zoo
Zone	zone	zone
Zug	train	zucchini
zu	to, closed	Zulu
beziehen	to subscribe	enzyme
Zebra	zebra	zebra
Zickzack	zigzag	zigzag
zerreißen	to tear	zero

6 German **s** (š) or (s) versus **z, tz** (ts)

Saal	hall	Zahl	number
sehen	to see	Zehen	toes
seit	since	Zeit	time
Sinn	sense	Zinn	tin
so	so	Zoo	zoo
(er) soll	he should	Zoll	customs
sauber	clean	Zauber	magic
weisen	to direct	Weisen	wheat
heißen	to be called	heizen	to heat
Hessen	Hessia	hetzen	to harass
Kasse	cashier	Katze	cat
Schweiß	sweat	Schweiz	Switzerland
Gans	goose	ganz	whole
Reis	rice	Reiz	charm
reisen	to travel	reizen	to incite

7 German **st** (ʃt) as the initial sound of a word or syllable versus German **st** (st) as the final or medial sound

Stahl	steel	Ast	branch
still	quiet	ist	is
Stein	stone	einst	formerly
Stuhl	chair	Wurst	sausage
stehen	to stand	erst	first
verstehen	to understand	gestern	yesterday
Einstein	scientist	meistens	mostly
anstoßen	to toast (in drinking)	Ostern	Easter
(du) störst	you disturb	(du) hörst	you hear
bestellen	to order	erstens	firstly

8   German **st** (ʃt) versus English *st* (st)

still	*quiet*	still
Star	*starling*	star
Staat	*state*	state
Stier	*ox*	steer
Straße	*street*	street
Stern	*star*	*he is* stern
Stahl	*steel*	steel
Stiel	*stem*	*to* steal
Stuhl	*chair*	stool
Stoff	*cloth*	*to* stuff
stinken	*to stink*	*to* stink
stricken	*to knit*	*he was* stricken
Strom	*current*	stream
stehlen	*to steal*	steal
(er) hat gestohlen	*he stole*	*he* stole
(er) stand	*he stood*	*he* stood
(es) steht	*it stands*	*a* state
er ist stark	*he is strong*	*the* stark *truth*
stabil	*stable*	stable

9   German **sp** (ʃp) as the initial sound of a word or syllable versus German **sp** (sp) as the final or medial sound

Spaten	*spade*	Aspirin	*aspirin*
springen	*to jump*	Inspiration	*inspiration*
Beispiel	*example*	Wespe	*wasp*
abspringen	*to jump off*	lispeln	*to lisp*

10   German **sp** (ʃp) versus English *sp* (sp)

Spaten	*spade*	spade
spielen	*to play*	spill
Spaß	*fun*	speed
Spule	*spool*	spool
Sport	*sport*	sport
Speck	*bacon*	speck
Spiel	*game*	spiel (U.S. slang)
Spiritus	*alcohol*	spiritous
Split	*gravel*	split
Spott	*mockery*	spot
verspotten	*to mock*	spot
Spur	*track*	spur
spring!	*jump!*	spring
es ist spitz	*it is sharp*	splits
spinnen	*to spin*	spin
entspannen	*to relax*	span
spät	*late*	spade

11 German **s** as a voiced sound (š) versus **ss**, **ß** as an unvoiced sound (s)

reisen	to travel	reißen	to tear
Rose	rose	Rosse	horses
heiser	hoarse	heißer	hotter
(ich) las	I read	laß!	leave it!
Gase	gases	Gasse	narrrow street
Hasen	rabbits	hassen	to hate
Rasen	lawn	Rassen	races
Riese	giant	Risse	cracks

12 German **f** (f) versus German **v** (f), pronounced the same way (except in most words of foreign origin)

fallen	to fall	Vater	father
Ofen	oven	von	from
offen	open	voll	full
hoffen	to hope	Beethoven	composer
feilen	to file	Veilchen	violet

13 German **ich**-sound versus German **ach**-sound

ICH-SOUND AFTER FRONT VOWELS

mich	me	schlecht	bad
das Pech	bad luck; tar	zeichnen	to draw
euch	you	dichten	to write poetry
riechen	to smell	nichts	nothing
die Eiche	oak tree	du möchtest	you would like
recht	right		

ACH-SOUND AFTER BACK VOWELS

der Bach	brook	das Loch	hole
die Sache	thing	doch	nevertheless
die Nacht	night	pochen	to knock
machen	to make	der Koch	cook
lachen	to laugh	hoch	high
das Buch	book	der Bauch	belly
die Buche	beech tree	tauchen	to dive
suchen	to search	auch	also
fluchen	to curse	er raucht	he smokes

ICH-SOUND AFTER CONSONANTS

München	Munich	bißchen	little bit
die Milch	milk	das Fläschchen	small bottle
das Mädchen	girl	durch	through
welcher	which	der Storch	stork

PRONOUNCE THE SINGULAR AND PLURAL FORMS IN SEQUENCE.

das Loch, die Löcher	hole	das Buch, die Bücher	book
der Spruch, die Sprüche	saying	das Dach, die Dächer	roof
der Bach, die Bäche	brook	die Tochter, die Töchter	daughter
der Bauch, die Bäuche	belly	der Brauch, die Bräuche	custom

14 German **v** versus German **w**

der Vetter	nephew	das Wetter	weather
vier	four	wir	we
Herr Veit	Mr. Veit	weit	far
das Vieh	cattle	wie	how
vorüber	past	worüber	about what
Macht dem Volke!	Power to the People!	die Wolke	cloud
voran	ahead	woran	at, in what
fertig	ready	verlieren	to lose
Ferien	vacation	Verein	club
Efeu	ivy	vier	four
Frevel	sin	Vieh	cattle
Ferse	heel	Vers	stanza

15 Contrasting the spellings **w** (v) and **v** (v), pronounced the same way

wann	when	Vanilla	vanilla
wer	who	Verb	verb
Wille	will	Villa	villa
Wasser	water	Vassall	vassal
wen	who	Venus	Venus

16 Contrasting **w** (v) and **f** or **v** (f)

Wall	wall	Fall	fall
Wolke	cloud	(dem) Volke	to the people
Wort	word	fort	away
Wetter	weather	Vetter	nephew
wir	we	vier	four
Wälder	forests	Felder	fields
Waden	calves of the leg	Faden	thread

17 Contrasting **z, tz,** (ts) and **s** (š) in the same word

Tanzsaal	*dance hall*
Salzsack	*salt bag*
Schwarzseher	*pessimist*
Holzsäge	*wood saw*
Jazzsänger	*jazz singer*
rechtsseitig	*on the right side*
blitzsauber	*spic and span*
Salzsäure	*muriatic acid*

18 German **ng** (ŋ) versus German **nk** (ŋk)

Zangen	*pliers*	zanken	*to quarrel*
Engel	*angel*	Enkel	*grandchildren*
singen	*to sing*	sinken	*to sink*
Wangen	*cheeks*	wanken	*to hesitate*

▶ Vowel sounds

19 German **ei** versus German **eu** and **äu**

die Feier	*celebration*	das Feuer	*fire*
nein	*no*	neun	*nine*
die Eile	*hurry*	die Eule	*owl*
ich leite	*I direct*	die Leute	*people*
die Meise	*titmouse*	die Mäuse	*mice*
leiten	*to direct*	läuten	*to ring a bell*
die Eier	*eggs*	euer Buch	*your book*
der Eiter	*pus*	das Euter	*udder*
leise	*softly*	die Läuse	*lice*

20 German **u** versus German **ü**

die Mutter	*mother*	die Mütter	*mothers*
ich mußte	*I had to*	ich müßte	*I should*
tuten	*to honk*	die Tüten	*paper bags*
er fuhr	*he traveled*	für	*for*
er wurde	*he became*	er würde	*he would*
die Gute	*the good one* (female)	die Güte	*goodness*
im Zuge	*in the train*	die Züge	*trains*

21   German **i** and **ie** versus German **ü**

SHORT

das Gericht	*court*	das Gerücht	*rumor*
die Kiste	*box*	die Küste	*coast*
das Kissen	*pillow*	küssen	*to kiss*
der Mist	*manure*	ihr müßt	*you have to*
Frau Nisser	*Mrs. Nisser*	Frau Nüsser	*Mrs. Nüsser*

LONG

das Tier	*animal*	die Tür	*door*
vier	*four*	für	*for*
liegen	*to lie down*	lügen	*to lie*
spielen	*to play*	spülen	*to rince*
die Biene	*bee*	die Bühne	*stage*
Kiel	*German city*	kühl	*cool*

22   German **o** versus German **ö**

schon	*already*	schön	*beautiful*
die Tochter	*daughter*	die Töchter	*daughters*
er konnte	*he was able*	er könnte	*he could*
der Ofen	*oven*	die Öfen	*ovens*
der Gote	*the Goth*	Goethe	*(German poet)*
die Toten	*the deceased*	töten	*to kill*
ich stoße	*I push*	die Stöße	*blows*

23   German **a** versus German **ä**

sagen	*to say*	sägen	*to saw*
er naht	*he is approaching*	er näht	*he sews*
sie hatten	*they had*	sie hätten	*they would have*
ein alter Mann	*an old man*	er ist älter	*he is older*
wir waren	*we were*	wir wären	*we would be*
mahnen	*to warn*	die Mähnen	*manes*
die Sage	*legend*	die Säge	*saw*

24   Long **u** versus short **u**

LONG		SHORT	
er sucht	*he searches*	die Sucht	*addiction*
das Mus	*jam*	ich muß	*I must*
er flucht	*he curses*	die Flucht	*flight*
rußig	*sooty*	russisch	*Russian*
der Ruhm	*fame*	der Rum	*rum*
er bucht es	*he books it*	die Bucht	*bay*
auf dem Stuhle	*on the chair*	die Stulle	*sandwich*

25 Long **i** versus short **i**

LONG		SHORT	
bieten	to offer	bitten	to request
der Schiefer	slate	der Schiffer	boatman
du liest	you read	die List	trick
das Lied	song	er litt	he suffered
wir	we	das ist wirr	that is confused
der Stil	style	es ist still	it is quiet
die Bienen	bees	binnen	within

26 Long **o** versus short **o**

LONG		SHORT	
rote Blumen	red flowers	die Rotte	gang
ich wohne	I inhabit, live	die Wonne	delight
die Sohlen	heels	sollen	to have to
dem Sohne	to the son	die Sonne	sun
der Schoß	lap	ich schoß	I shot
der Ofen	oven	offen	open
der Schrot	buckshot	der Schrott	scrap metal

27 Long **e** versus short **e**

LONG		SHORT	
das Heer	army	der Herr	gentleman
beten	to pray	die Betten	beds
wen	whom	wenn	if, when
die Speere	spears	die Sperre	turnstile
das Wesen	being	wessen	whose
den (accusative singular of der)		denn	because

28 Long **a** versus short **a**

LONG		SHORT	
der Staat	state	die Stadt	city
der Stahl	steel	der Stall	stable
er kam	he came	der Kamm	comb
raten	to guess	die Ratten	rats
die Maße	measures, sizes	die Masse	the mass
der Kahn	boat	ich kann	I can
die Wahl	election	der Wall	wall

29   Exercise on vowel sounds

[ā]	Long, back a sound	Vater (*father*), Wahl (*election*), Saat (*seed*), raten (*to guess*)
[a]	Short, front a sound	Hand (*hand*), Ratten (*rats*), Mann (*man*), Gesang (*singing*)
[ē]	Long, closed e sound	leben (*to live*), wen (*whom*), Meer (*ocean*), mehr (*more*), Ehre (*honor*)
[ɛ̄]	Long, open e sound	Mädchen (*girl*), Käse (*cheese*), ähnlich (*similar*), Äther (*ether*)
[ɛ]	Short, open e sound	Welt (*world*), rennen (*to run*), Sätze (*sentences*), ändern (*to change*), empfangen (*to receive*), erklären (*to explain*)
[ə]	Short, unstressed e sound [schwa]	hatte (*had*), gefallen (*to please*), Hose (*pants*), Gesetz (*law*), kommen (*to come*), Ufer (*shore*), Menschen (*people*)

30   Exercise on vowel sounds

[ī]	Long, closed i sound	wir (*we*), Idee (*idea*), Juni (*June*), Bier (*beer*), Liebe *love*, hier (*here*), ihr (*her*), Vieh (*cattle*), Bibel (*Bible*)
[ɪ]	Short, open i sound	bitten (*to request*), Singen (*to sing*), Lehrerin (*teacher*), Gift (*poison*), Film (*movie*), Spinne (*spider*), Gefängnis (*prison*), ich (*I*), billig (*cheap*)
[ō]	Long, closed o sound	wo (*where*), Ofen (*oven*), Philosoph (*philosopher*), wohnen (*to live*), Kohle (*coal*), Boot (*boat*), rot (*red*), Obst (*fruit*)
[ɔ]	Short, open o sound	offen (*open*), Sonne (*sun*), von (*from*), Sorge (*worry*), Wolle (*wool*), Dorf (*village*), Post (*mail*), Koffer (*suitcase*), voll (*full*), folgen (*to follow*), Zoll (*customs*)

31   Exercise on vowel sounds

[ū]	Long, closed u sound	rufen *to call*, Fuß *foot*, Schuh *shoe*, gut *good*, Kuchen *cake*, Kuh *cow*, Huhn *chicken*, Geburt *birth*
[ʊ]	Short, open u sound	Mutter *mother*, Luft *air*, Bus *bus*, null *zero*, Stunde *hour*, dumm *stupid*, gesund *healthy*, hundert *hundred*
[ȫ]	Long, closed ö sound	hören (*to hear*), Söhne (*sons*), Goethe (*poet*), schön (*nice*), Öl (*oil*), gewöhnlich (*usually*), Österreich (*Austria*)
[œ]	Short, open ö sound	Löffel (*spoon*), zwölf (*twelve*), Wörter (*words*), plötzlich (*suddenly*), öfter (*frequently*), Köln (*Cologne*), Töchter (*daughters*), können (*to be able to*)
[ȳ]	Long, closed ü sound	Tür (*door*), Lüge (*lie*), früh (*early*), müde (*tired*), typisch (*typical*), süß (*sweet*), führen (*to lead*), fühlen (*to feel*), Hügel (*hill*), zynisch (*cynical*), gemütlich (*cozy*)
[Y]	Short, open ü sound	müssen (*to have to*), wünschen (*to wish*), fünf (*five*), pünktlich (*punctually*), Gymnastik (*gymnastics*), Hymne (*hymn*)
[y]	Short, closed ü sound [unaccented]	synonym (*synonym*), Physik (*physics*), Büro (*office*)

32   Exercise on vowel sounds

[aɔ]	Diphthong au sound	Haus (*house*), laufen (*to run*), Mauer (*wall*), Baum (*tree*), Auge (*eye*), Pause (*pause*), kaum (*hardly*), Couch (*couch*)
[ɔɪ]	Diphthong eu sound	Leute (*people*), deutsch (*German*), feucht (*humid*), Mäuse *mice*, läuten (*to ring*), Teufel (*devil*), Räuber (*robber*), heute (*today*)
[aɪ]	Diphthong ei sound	zwei (*two*), leider (*unfortunately*), reich (*rich*), Stein (*stone*), Mai (*May*), Kaiser (*emperor*), Bayer (*Bavarian*)

Anhang D: Useful resources

Information, colorfully printed material, slides, audio cassettes, films, and video material are available from commercial, governmental, and educational institutions and from professional associations. Most of the commercial organizations advertise in *Die Unterrichtspraxis* and *The German Quarterly*, both published by the American Association of Teachers of German, and in *Foreign Language Annals*, published by the American Council on the Teaching of Foreign Languages. The following is a list of addresses, accurate as of January 1993. When you hear from a colleague that an item is available, look for the organization's address and call or write a letter of inquiry immediately, since materials often do not remain available for long.

Associations

AMERICAN ASSOCIATION OF TEACHERS OF GERMAN (AATG)
112 Haddontowne Ct #104, Cherry Hill, NJ 08034
Phone: 609/795-5553. Fax: 609/795-9398.

62 Chapters • Annual Conference • Annual Testing and Awards Program • Materials Center • Workshops & Seminars • Kinder lernen Deutsch • Prüfung Wirtschaftsdeutsch International • Placement Information Center • Awards for Contributions to the Profession • and more.

German Quarterly • *Unterrichtspraxis* • *AATG Newsletter*

AMERICAN COUNCIL ON THE TEACHING OF FOREIGN LANGUAGES (ACTFL)
6 Executive Plaza, Yonkers, NY 10701-6801.
Phone: 914/963-8830. Fax: 914/963-1275.

Annual Meeting and Workshops • Materials Center • Proficiency Projects • Summer Seminar Series • and more.

Foreign Language Annals

AMERICAN INSTITUTE FOR CONTEMPORARY GERMAN STUDIES (AICGS)
11 Dupont Cir NW, Suite 350,
Washington, DC 20036-1207.
Phone: 202/332-9312. Fax: 202/265-9531.
EMail: AICGSdoc@jhuvms.hcf.-jhu.edu.

Research • Fellowship Program • Seminar Series • Annual Conference • Library

German Issues • Research Reports • Seminar Papers • Newsletter

German Academic Exchange Service (DAAD)
950 Third Avenue, 19th Floor, New York, NY 10022.
Phone: 212/758-3223. Fax: 212/755-5780.
EMail: DAADNY@nyuacf

Embassies

Austrian Embassy
2343 Massachusetts Ave. NW
Washington, DC 20008

Embassy of the Federal Republic
    of Germany
4645 Reservoir Road NW
Washington, DC 20007

Embassy of Switzerland
2900 Cathedral Ave. NW
Washington, DC 20008

Goethe Institutes

Goethe-Institut, Ann Arbor
220 E. Huron
Ann Arbor, MI 48104
313/996-8600

Goethe-Institut, Atlanta
400 Colony Square, street level
Atlanta, GA 30361-2401
404/892-2388

Goethe-Institut, Boston
170 Beacon Street
Boston, MA 02116
617/262-6050

Goethe-Institut, Chicago
401 North Michigan Avenue
Chicago, IL 60611
312/329-0915 or -0917

Goethe-Institut, Cincinnati
559 Liberty Hill
Cincinnati, OH 45210
513/721-2777

Goethe-Institut, Seattle
Mutual Life Building
605 First Aveune
Seattle, WA 98104
206/622-9694

Goethe-Institut, Houston
3120 Southwest Freeway
Houston, TX 77098
713/528-2787

Goethe-Institut, Los Angeles
8501 Wilshire Boulevard, Suite 205
Beverly Hills, CA 90211
213/525-3388

Goethe House, New York
1014 Fifth Aveue
New York, NY 10028
212/439-8700

Goethe-Institut, San Francisco
530 Bush Street
San Francisco, CA 94108
415/391-0370

Goethe-Institut, St. Louis
326 North Euclid Avenue
St. Louis, MO 63108
314/376-2452

Goethe-Institut, Washington
1607 New Hampshire Avenue NW
Washington, DC 20009
202/319-0702

Commercial Organizations

American Eagle Co.
1130 E. Big Beaver Road
Troy Commerce Center
Troy, MI 48084 (printed t-shirts)

Continental Book Co.
11-03 46th Ave.
Long Island City, NY 11101

The Kiosk
19223 De Havilland Dr.,
Saratoga, CA 95070

Lingo Fun
P.O. Box 486
Westerville, OH 43081

Wible Language Institute, Inc.
P.O. Box 870
Allentown, PA 18105

German Consulates General

Located in Atlanta, Boston, Chicago, Detroit, Houston, Los Angeles, New York, San Francisco, and Seattle.

Information Services, Tourist Offices, Etc.

Austrian Information Service
31 East 69th St.
New York, NY 10022
(212) 288-1727

The Austrian Institute
11 East 52nd St.
New York, NY 10022
(212) 759-5165

German Information Center
950 Third Ave., 24th floor
New York, NY 10022
(212) 888-9840

German Tourist Offices:

Chicago:
104 South Michigan Ave.
Chicago, IL 60603

Los Angeles:
444 South Flower St.
Los Angeles, CA 90017
(213)-688-7332

New York:
747 Third Ave., 33rd floor
New York, NY 10017-2852
(212)308-3300

Inter Nationes
Kennedy-Allee 91
D-5300 Bonn-Bad Godesberg
Germany

Deutsche Zentrale für Tourismus
Beethovenstraße 69
D-6000 Frankfurt/M
Germany

Deutscher Sportbund
Otto-Fleck-Schneise 12
D-6000 Frankfurt/M
Germany

Goethe-Institut
Lenbachplatz 3
D-8000 München 2
Germany

Institut für Auslandsbeziehungen
Charlottenplatz 17
D-7000 Stuttgart 1
Germany

Periodicals for Students of German

Junior Aufbau, 2121 Broadway, New York NY 10023

Rundbrief, published by the American Association of Students of German (see AATG for address).

SCALA Jugend Magazin (für Schüler im Ausland), Societäts Verlag, Postfach 2929, Frankenallee 71, 6 Frankfurt/Main 1, Germany

Anhang E: Answers to *Wiederholung* exercises

► Wiederholung I: Grammatik—wiederholt

A. *Eberhardt schreibt einen Brief.*

einen Studenten, mein Freund, eines Professors, mir, ihm, seiner Mutter, einen Onkel, ihn, der Universität, kein Auto, einen Brief, ihn, meiner Freundin

B. *Präpositionen.*

1. den Wald   2. des Wetters   3. mich   4. meinen Vater   5. des Regens / der Gefahr
6. dem Problem   7. meiner Freundin   8. der Deutschstunde   9. einer Stunde   10. den Baum
11. deinen Eltern   12. seiner Vorlesung   13. der Ferien   14. den Baum

C. *Dativ oder Akkusativ?*

1. der Bibliothek   2. den Wald   3. der Zeitung   4. den Bergen   5. dem Haus
6. den Teller   7. die Bibliothek   8. den Büchern   9. der Universität   10. die Tafel
11. den Stuhl   12. der Tür

D. *Präsens.*

1. Was kaufst du in diesem Geschäft?
2. Sie macht ihre Hausaufgabe.
3. Die Studenten warten auf den Professor.
4. Sie zeigt ihrer Kundin viele Postkarten.
5. Was studiert dein Mann?
6. Wohin reist ihr?
7. Wer raucht im Restaurant?
8. Sie lädt mich nicht zum Geburtstag ein.
9. Was hält das Kind in der Hand?
10. Was ist dein Hauptfach?
11. Warum fahren sie schon ab?
12. Mein Vater arbeitet immer lange.

E. *Perfekt und Imperfekt.*

1. a) Ich habe Tennis gespielt.
   b) Ich spielte Tennis.
2. a) Er hat die Rechnung bezahlt.
   b) Er bezahlte die Rechnung.
3. a) Wir sind nach Österreich gefahren.
   b) Wir fuhren nach Österreich.
4. a) Wen hast du geliebt?
   b) Wen liebtest du?
5. a) Ich habe zuviel gegessen.
   b) Ich aß zuviel.
6. a) Du hast einen Computer gebracht.
   b) Du brachtest einen Computer.

7. a) Wir haben Bier getrunken.
   b) Wir tranken Bier.

8. a) Was hat er geantwortet?
   b) Was antwortete er?

9. a) Meine Mutter ist alt geworden.
   b) Meine Mutter wurde alt.

10. a) Das ist immer geschehen.
    b) Das geschah immer.

11. a) Meine Freundin hat in Heidelberg geheiratet.
    b) Meine Freundin heiratete in Heidelberg.

12. a) Sie sind in der Bibliothek gewesen.
    b) Sie waren in der Bibliothek.

13. a) Ich habe das gewußt!
    b) Ich wußte das!

F. Der- und ein-Wörter.

1. Das ist meine Meinung!

2. Ist das die Freundin deiner Schwester?

3. Der Bahnhof unserer Stadt ist ganz neu.

4. Sein Interesse für dieses Hauptfach ist nicht groß.

5. Ihr gefiel der Lebensstil ihrer Lehrerin.

6. Welcher Baum ist schon mehr als hundert Jahre alt?

7. Doktor Schmidt ist mein Arzt.

8. Geben Sie jenen Kindern schlechte Noten?

9. Die Leute sprechen mit ihren Nachbarn.

10. Die Verkäuferin gibt ihren Kunden ein Pfund Butter.

11. Mein Vater hat kein Interesse an moderner Musik.

G. Befehlssätze.

1. Gib es deiner Familie!

2. Antworten Sie Ihrem Lehrer!

3. Heiraten Sie nicht Ihren Cousin!

4. Nimm bitte dein Geld zurück!

5. Wartet auf euren Vater!

H. Noch mehr Befehlssätze.

1. Herr Meier, kaufen Sie den Mercedes!

2. Rita, flieg mit mir nach Deutschland!

3. Erika und Rolf, helft dem alten Mann!

4. Komm her, mein Junge!

5. Kinder, hört bitte zu!

6. Meine Damen und Herren, bitte rauchen Sie hier nicht!

7. Martin, bitte schick mir das Buch!

8. Frau Zimmermann, rufen Sie die Lufthansa an, bitte!

I. Auf deutsch bitte!

1. Lesen Sie das Buch! Lies das Buch! Lest das Buch!

2. Fahren Sie langsam! Fahr langsam! Fahrt langsam!

3. Nehmen Sie es! Nimm es! Nehmt es!

4. Schauen Sie! Schau! Schaut!

5. Sagen Sie es noch einmal! Sag es noch einmal! Sagt es noch einmal!

6. Spielen Sie Tennis mit mir! Spiel Tennis mit mir! Spielt Tennis mit mir!

7. Gehen Sie nicht! Geh nicht! Geht nicht!

8. Fragen Sie ihn! Frag ihn! Fragt ihn!

J. *Konjunktionen.*

1. Ich besuchte die Universität Heidelberg, als ich in Deutschland war. (*or*) Als ich in Deutschland war, besuchte ich die Universität Heidelberg.

2. Wir möchten jetzt erst essen, und dann möchten wir ins Theater gehen.

3. Meine Freundin ist noch sehr jung, aber sie will schon heiraten.

4. Obwohl ich Deutsch studierte, war mein Hauptfach Mathematik.

5. Wir gehen schwimmen, wenn das Wetter schön ist. (*or*) Wenn das Wetter schön ist, gehen wir schwimmen.

6. Ich weiß, daß du ein sehr guter Schwimmer bist.

7. Er studiert dieses Semester nicht, sondern arbeitet in einer Fabrik.

8. Ich arbeitete in der Mensa, weil ich Geld brauchte. (*or*) Weil ich Geld brauchte, arbeitete ich in der Mensa.

9. Wir können diesen Sommer nach Europa fliegen, oder wir können noch ein Jahr warten.

10. Ich gehe heute nicht zur Schule, denn ich fühle mich nicht wohl.

11. Gestern half mir meine Freundin Else bei der Arbeit, damit wir ins Kino gehen konnten.

12. Der Film machte Spaß, solange er nicht zu grausam war.

13. Viele Leute lachten, während ich weinte.

K. *Modalverben.*

1. Ich will mit dir sprechen.

2. Du darfst ins Kino gehen.

3. Er muß die Rechnung bezahlen.

4. Wir können das nicht verstehen.

5. Ich möchte meinen Freund heiraten.

6. Die Kinder sollen früh nach Hause kommen.

7. Die Studenten können kein Geld sparen.

8. Der Professor will jetzt Kaffee trinken.

9. Ich soll die Zeitung lesen.

10. Ich kann das Buch nicht kaufen.

11. Was möchtest du essen?

12. Wann darf er wieder reisen?

L. *Nochmals Modalverben.*

1. Ich wollte mit dir sprechen.

2. Du durftest ins Kino gehen.

3. Er mußte die Rechnung bezahlen.

4. Wir konnten das nicht verstehen.

5. (*Mögen* and *möchte* are rarely used in the past tense.)

6. Die Kinder sollten früh nach Hause kommen.

7. Die Studenten konnten kein Geld sparen.

8. Der Professor wollte jetzt Kaffee trinken.

9. Ich sollte die Zeitung lesen.

10. Ich konnte das Buch nicht kaufen.

11. (The past tense of *mögen* is rarely used.)

12. Wann durfte er wieder reisen?

M. *Übung macht den Meister (Separable and Inseparable Prefixes).*

1. mitkommst
2. besucht
3. aussiehst

4. auszog
5. verdienen

N. *Neue Sätze.*

1. Er hat mich angeschaut.
2. Wir sind aus dem alten Haus ausgezogen.
3. Sie haben uns eingeladen.

4. Er hat seinen Bruder beneidet.
5. Wir haben unser Auto verkauft.
6. Wann seid ihr angekommen?

O. *Auf deutsch bitte!*

1. Wann stehen Sie auf? (*or*) Wann stehst du auf?
2. Haben sie ihn eingeladen?
3. Sie vergaßen es. (*or*) Sie haben es vergessen.

4. Die Zeit vergeht schnell.
5. Kommen Sie mit! (*or*) Komm mit!
6. Ich weiß, daß er gestern angerufen hat.

▶ Wiederholung II: Grammatik—wiederholt

A. *Was sind die Pläne für den Sommer und das nächste Jahr?*

1. zwei Freunde werden mitkommen.
2. werden durch ganz Europa reisen.
3. wird teuer werden.
4. werde viele Museen besuchen.
5. werden wahrscheinlich in Jugendherbergen übernachten.
6. wirst dich schnell entscheiden müssen.

B. *Darf ich meinen Freund vorstellen?*

deutscher, kleinen, früheren, groß, blaue, blondes, kaltes, heißen, schnelle, schnell, amerikanische, großes, nächsten, halbes, amerikanischen

C. *Und jetzt möchte ich Ihnen meine Freundin vorstellen.*

attraktive, junge, braunen, schwarze, nett, zweitgrößten, liebstes, hohen, gute, neues, amerikanische, moderne, neuen, kurzer, gemütlichen

D. *Das wünsche ich mir!*

schönes Wetter, nette Freundin, netten Freund, gesunde Kinder, freundlichen Chef, reiche Eltern, großes Haus, schönen Vorort, gute Noten, schwere Prüfungen

E. *Wir brauchen ein Tempolimit!*

K: Hast du die Artikel über die schweren Unfälle auf den deutschen Autobahnen gelesen?

P: Ja, gestern gab es wieder furchtbare Unfälle bei Mannheim.—Alle deutschen Autofahrer glauben sie sind Rennfahrer.

K: Ich habe auch große Ängste: Meine deutschen Freunde fahren auch gern schnelle Autos. —Nur schnelle Autos sind für sie gute Autos.

P: Ja, und auf den deutschen Autobahnen gibt es keine Tempolimits.

K: Und auf den amerikanischen Autobahnen?

P: Auf den amerikanischen Autobahnen dürfen auch schnelle Autos nur bestimmte Tempolimits fahren.

K: Das sind gute Regeln. Warum soll es für schnelle Autos keine Tempolimits geben?

P: Du hast recht. Auch teure Mercedes sollen nicht schneller fahren dürfen als alte Volkswagen.

F. *Welchen möchtest du?*

1. die hellere   2. einen wärmeren   3. das billigere   4. den besseren   5. die dickere
6. das elegantere

G. *Ich brauche natürlich das Beste!*

1. das interessanteste   2. die süßesten   3. die größte   4. den populärsten   5. den klügsten
6. das höchste

H. *Was könnt ihr am besten?*

1. am schnellsten   2. am höchsten   3. am meisten   4. am besten   5. am interessantesten
6. am lautesten   7. am liebsten

I. *Ein voller Tag.*

1. Ich laufe jetzt zur Bibliothek, die weit weg ist.
2. Ich suche Material für einen Aufsatz, der morgen fertig sein muß.
3. Der Aufsatz ist über ein modernes Thema, das ich interessant finde.
4. Später schreibe ich einen Brief an einen Freund, mit dem ich letztes Jahr eine Reise gemacht habe.
5. Heute nachmittag besuche ich eine Freundin, deren Kind krank ist.
6. Heute abend hole ich Gerhard ab, dessen Auto kaputt ist.
7. Wir gehen in ein Konzert, das von unserer Musikabteilung gegeben wird.
8. Nach dem Konzert treffen wir uns mit Freunden, mit denen wir zum Essen gehen wollen.

J. *Ich wünschte, es wäre anders. Ich wünschte,...*

1. sie dächte oft an mich.
2. ihr würdet nicht immer alles kritisieren.
3. wir dürften heute mitkommen.
4. die Politiker würden nicht so viel lügen.
5. es würden nicht so viele Bäume sterben.
6. Sie (or) sie würden nicht so viel rauchen.
7. die Kinder würden einschlafen.
8. der Zug würde pünktlich abfahren.
9. ich hätte genug Geld.
10. meine Mutter wäre gesund.

K. *Ich wünschte, es wäre anders gewesen. Ich wünschte,...*

    1. du hättest mich gestern angerufen.

    2. ich hätte gestern keine schwere Prüfung gehabt.

    3. ich hätte schon fünf Kilo abgenommen.

    4. Peter wäre ins Konzert mitgekommen.

    5. wir hätten ein neues Auto gekauft.

    6. ich hätte ihm das sagen dürfen.

    7. sie (or) Sie hätten kein zu starkes Waschmittel gekauft.

    8. Birgit hätte ein gutes Restaurant gefunden.

    9. ich hätte Weihnachten in Österreich verbracht.

   10. meine Freunde wären nicht schon um zehn Uhr fortgegangen.

L. *Ja, wenn...!*

    1. Wenn wir nicht zu schnell gefahren wären, hätten wir keinen Unfall gehabt.

    2. Wenn das Wetter heute schön wäre, würde ich in die Berge gehen (or) ...ginge ich in die Berge.

    3. Wenn ich es gewußt hätte, hätte ich es meinen Eltern gesagt.

    4. Wenn mein Freund mich besucht hätte, hätte ich mich gefreut.

    5. Wenn wir morgen eine Prüfung hätten, müßten wir heute studieren.

    6. Wenn du mehr Zeit hättest, könntest du mehr Tennis spielen.

    7. Wenn ich Erika gesehen hätte, wäre ich nicht an ihr vorbeigegangen.

    8. Wenn sie sich beworben hätte, hätte sie die Stelle bekommen.

M. *Darf das hier sein?*

    1. Nein, in der Bibliothek darf nicht laut gesprochen werden.

    2. Nein, das konnte erst heute entschieden werden.

    3. Diese Rechnung muß sofort bezahlt werden.

    4. Nein, zu dieser Prüfung darf kein Wörterbuch mitgenommen werden.

    5. Für den Umweltschutz muß mehr Geld ausgegeben werden.

    6. Ich bin von einem deutschen Professor empfohlen worden.

    7. Nein, hier wird kein Französisch gesprochen.

    8. Nein, auf der Party ist nicht getanzt worden.

N. *Arbeitsverteilung.*

    1. Die Briefe werden von Silke zur Post gebracht.

    2. Die Lebensmittel sind schon gestern von Helmut eingekauft worden.

    3. die Betten werden von Andreas gemacht.

    4. Das Geschirr wird von Alexander gewaschen.

    5. Die Küche wird von Helga geputzt.

    6. Der Hund ist schon von Elsa gefüttert worden.

    7. Die Blumen sind auch schon von ihr begossen worden.